살아낸다 시리즈 001

사랑받는 삶을 위한
12가지 원칙

차례

프롤로그 왜 우리는 사랑받기를 원하는가   06
1장 자신을 사랑할 줄 안다   10
2장 고통을 피하지 않는다   25
3장 자기만의 별을 따라간다   38
4장 반복해도 좋은 삶을 산다   54
5장 약한 동정을 경계한다   67
6장 무리 속에서 길을 잃지 않는다   78
7장 패배 속에서 진짜를 드러낸다   91
8장 부러움을 나침반 삼는다   102
9장 신이 아닌 자기 삶에 책임진다   114
10장 운명을 사랑한다   125
11장 어제의 나를 버려야 오늘의 내가 된다   139
12장 죽음을 기억하며 오늘을 산다   151
에필로그 결국, 사랑받는 사람은 자기 삶을 사랑한 사람이다   164

프롤로그

왜 우리는 사랑받기를 원하는가

─────── 당신은 사랑받고 싶으신가요? 아침에 눈을 뜨는 순간부터 밤에 잠들기까지, 누군가의 따뜻한 미소, 의미 있는 눈길, 진심 어린 응원을 갈망하지 않나요? 사실 이런 마음은 우리 모두의 가슴속에 있습니다. 이런 마음은 이상한 마음이 아닙니다. 사랑은 우리가 살아가는 가장 큰 원동력이니까요.

제가 처음 니체의 책을 만났던 순간이 지금도 선명합니다. 대학생 시절, 인생의 방향을 찾지 못해 방황하던 어느 비 오는 오후였습니다. 교양수업 때 줄곧 들어왔던 『차라투스트라는 이렇게 말했다』를 도서관 구석에서 우연히 펼쳤습니다. "자기 자신이 되라"는 한마디에 가슴이 쿵 내려앉았습니다.

그 순간 저는 깨달았습니다. 내가 지금까지 다른 사람들의 기대에 맞추어 살아왔다는 것을요. 니체는 저에게 거울이 되어 주었고, 그 이후로 저는 조금씩 '진짜 나'를 찾아가는 여정을 시작했습니다.

잠시 마음속을 들여다보시는 건 어떨까요. 사랑받기 위해 본연의 자신을 숨겨본 적은 없나요? 더 매력적으로 보이려고, 더 성공한 사람처럼 보이려고, 더 완벽한 사람으로 인정받기 위해 자신을 속인 적은 없으신가요? 그런데 말이죠. 진정한 사랑은 구걸하거나 연기해서 얻을 수 있는 것이 아닙니다. 그것은 관계의 기술이 아니라, 존재의 태도에서 시작됩니다.

니체는 19세기 가장 혁명적인 사상을 제시한 철학자입니다. 그의 언어는 때로 날카로운 칼날처럼, 때로는 깊은 수수께끼처럼 다가올 수 있습니다. 하지만 그 도전적인 표현 속에는 우리 삶을 근본적으로 변화시킬 수 있는 강력한 지혜가 숨겨져 있습니다. 니체는 우리에게 물었습니다.

"당신은 스스로를 사랑할 줄 아는가?"

이 질문 앞에서 잠시 멈춰 볼까요. 당신은 자신을 정말 사랑하나요? 자신의 모든 부분을 받아들이고 사랑하나요? 장점도, 단점도, 빛나는 순간도, 부끄러운 순간도 모두 포함해서 말이죠. 니체는 『차라투스트라는 이렇게 말했다』에서 이런 통찰을 남겼습니다.

"자기 자신을 사랑하는 법을 배워야 한다.
이것이 제가 가르치는, 가장 건전하고 신성하게
자기를 사랑하는 방법이다."

여기서 말하는 자기 사랑은 이기적인 자기중심주의가 아닙니다. 거울 앞에서 '난 정말 멋져'라고 반복하는 가벼운 자기 긍정도

아닙니다. 이것은 자신의 깊은 내면을 들여다보고, 있는 그대로의 자신을 온전히 받아들이는 용기입니다. 그리고 이런 진정한 자기 사랑이 있을 때, 비로소 우리는 타인의 사랑도 온전히 받을 수 있게 됩니다.

니체는 '사랑받으려 애쓰지 말고, 사랑받을 만한 존재가 되라'고 말했습니다. 이 말은 자신을 꾸미거나 포장하라는 뜻이 아닙니다. 오히려 자신만의 빛을 발견하고, 그 빛으로 세상을 비추는 삶을 살라는 뜻입니다. 자신의 가치를 알고, 자신만의 길을 당당하게 걸어갈 때, 사람들은 자연스럽게 당신에게 이끌립니다.

니체의 철학은 때로 어둡고 냉소적으로 비춰지기도 합니다. 하지만 그의 사상 깊은 곳에는 삶에 대한 놀라운 긍정의 철학이 자리하고 있습니다. 그는 삶의 모든 순간을 온전히 받아들이고 사랑하는 태도를 가르쳤습니다. 운명을 사랑하기(amor fati)! 기쁨도 슬픔도, 성공도 실패도, 사랑도 상실도 모두 사랑하는 용기를 가져야 한다는 것이죠. 이런 태도로 살아갈 때, 우리는 더 깊이 자신을 사랑할 수 있고, 결국 더 사랑받을 만한 존재가 됩니다.

이 책은 니체와의 대화를 시도합니다. 그 대화 속에서 당신은 사랑받을 만한 존재로 살아가기 위한 12가지 원칙을 찾아갈 겁니다. 이 원칙들은 단순한 처방전이 아닙니다. 자기 자신과 세상을 바라보는 근본적인 태도의 변화, 삶에 대한 깊은 성찰을 담고 있습니다.

진짜 자기 자신이 되기 위해서는 용기가 필요합니다. 이 여정은 쉽지 않겠지만, 그 길을 걸어갈 때마다 우리는 조금씩 더 진정한 자신에게 가까워지고, 더 깊은 사랑을 주고받을 수 있게 될 것입니다.

당신 삶의 여정에 작은 길잡이가 되기를 바라며, 함께 걸어가 볼까요.

1장

자신을 사랑할 줄 안다
"진정한 너 자신이 되어라."

오늘 아침, 어떠셨나요. 거울 속 자신을 마주했을 때 어떤 말이 마음속에 떠올랐나요? "오늘도 최선을 다할 거야!"라며 스스로를 응원했나요? 아니면 "또 이렇게 버거운 하루가 시작되는구나..."라며 무거운 한숨을 내쉬었나요? 아이러니하게도 우리는 타인에게는 너그럽지만, 정작 자신에게는 가장 냉정한 심판자가 되곤 합니다. 그런데 생각해보세요. 스스로를 사랑하지 못하는 사람이 어떻게 다른 사람의 사랑을 온전히 받을 수 있을까요?

니체는 우리에게 말합니다.

<u>"진정한 너 자신이 되어라."</u>

이 네 단어는 차라투스트라의 입을 통해 전해진 니체의 가장 강력한 메시지 중 하나입니다. 단순해 보이지만, 사실 '진짜 나가 된다는 것'은 인생에서 가장 어려운 과제입니다. 우리는 어릴 때부터 부모님의 기대, 학교의 규율, 사회의 관습, 미디어의 메시지에 둘러싸여 살아옵니다. 이런 영향 속에서 우리는 점점 '진짜 나 (real me)'를 잊어버리고, 다른 사람들이 원하는 모습으로 자신을

조각해 나갑니다.

한 사람이 자신의 참된 모습을 찾아가는 여정은 결코 쉽지 않습니다. 니체는 이런 여정을 『차라투스트라는 이렇게 말했다』에서 세 단계의 변화로 설명했습니다.

> "정신의 세 가지 변화를 나는 너희에게 말하노니,
> 정신이 어떻게 낙타가 되고, 낙타가 어떻게 사자가 되며,
> 마지막으로 사자가 어떻게 아이가 되는지를."

낙타는 의무와 책임을, 사자는 기존 가치에 대한 비판과 저항을, 아이는 새로운 가치의 창조와 순수한 자기 긍정을 상징합니다. 이 세 단계는 자신을 진정으로 사랑하고 '자기 자신이 되는' 여정의 핵심 과정입니다.

낙타의 단계: 책임을 지는 법 배우기

우리는 모두 '낙타' 단계에서 시작합니다. 낙타를 떠올려보세요. 무거운 짐을 묵묵히 지고 끝없는 사막을 건너는 인내의 동물입니다. 이 단계에서 우리는 사회가 기대하는 대로 살아갑니다. "이렇게 해야 해", "저렇게 살아야 해"라는 규칙들을 충실히 따르며 주어진 책임을 다합니다. 학교에서 공부하고, 직장에서 일하고, 가족을 돌보는 역할을 성실히 해내죠.

이 단계는 필요하고 가치 있는 과정입니다. 우리는 여기서 인

내와 책임감, 규율과 질서를 배웁니다. 하지만 만약 당신이 이 단계에 영원히 머문다면, 당신은 항상 다른 사람들의 가치와 기대에 따라 살게 될 것입니다. "나는 ~해야 한다"는 강박이 당신의 삶을 지배하게 되는 것이죠.

안타깝게도 대부분의 사람들이 평생 이 단계에 머무릅니다. 당신도 그럴 가능성이 높겠지요. 그런 사람들은 사회가 정해준 성공의 기준에 맞춰 살아가며, 종종 자신의 진정한 욕구와 열망을 억압합니다. 겉으로는 성공한 것처럼 보일 수 있지만, 내면에는 종종 공허함과 불만족이 자리 잡습니다.

사자의 단계: 비판적 사고와 자유 찾기

낙타의 단계에 머무르는 것이 편안하고 안전하게 느껴질 수 있습니다. 사회가 기대하는 대로 살아가며, 주어진 가치와 규범을 받아들이는 것은 일종의 안정감을 줍니다. 그러나 많은 사람들은 점차 이 무거운 짐에 의문을 품기 시작합니다. "내가 지고 있는 이 짐들이 정말 나의 것인가?"라는 질문이 마음 깊은 곳에서 솟아오릅니다. 이런 근본적인 질문은 종종 위기, 상실, 혹은 깊은 불만족의 시기에 등장합니다.

낙타에서 사자로 변신하려면 어떻게 해야 할까요? 지금까지 주어진 역할만 충실히 해왔다면, 이제는 용기 있는 결단이 필요한 시간입니다. 낙타는 "해야만 한다"는 의무감에 이끌려 살아갑니다. 하지만 사자가 되려면 그 모든 '당연함'에 의문을 품어야 합니다.

"왜 이렇게 해야 하지?", "이게 정말 옳은 걸까?", "나는 진짜 무엇을 원하는 걸까?" 이런 질문들을 던질 용기가 필요합니다.

사자 단계로 접어들면, 당신은 "나는 이것을 원한다"라고 당당히 말할 수 있게 됩니다. 더 이상 사회의 압력이나 타인의 기대 때문이 아니라, 자신의 진정한 열망에 따라 선택하게 되죠. 사자는 권위에 맹목적으로 따르지 않고, 스스로 생각하고 판단합니다.

이것은 단순한 반항이 아닙니다. 오히려 자신의 삶에 주인이 되는 진정한 첫 번째 단계입니다. 마치 우리 안의 야생 본능이 깨어나는 것처럼, 사자는 자유를 향한 강력한 포효를 시작합니다.

니체는 『도덕의 계보학』에서 이 사자 단계가 얼마나 중요한지 강조했습니다. 그가 말하길, 우리는 어린 시절부터 주입받은 도덕과 사회적 기대를 그냥 받아들이지 말고, 한 번쯤 의심의 눈으로 살펴봐야 합니다.

"그게 정말 옳은가?", "이 가치는 누구를 위한 것인가?" 이런 질문들은 단순히 반항하자는 게 아닙니다. 오히려 진정한 자유를 찾기 위한 필수 과정입니다.

사자의 단계는 솔직히 쉽지 않습니다. 평생 믿어온 가치관을 의심하기 시작하면, 때로는 깊은 혼란과 외로움을 느끼게 됩니다. 마치 안전한 집을 떠나 미지의 세계로 발을 내딛는 느낌이죠. "내가 지금 제대로 하고 있는 걸까?" 하는 불안감이 찾아올 수도 있습니다.

하지만 이 용기 있는 여정 없이는 진정한 자기 사랑도, 자신만의 선택도 불가능합니다. 사자가 외치는 "아니오"는 파괴만을 위한 것이 아니라, 궁극적으로 자신만의 진정한 "예"를 찾기 위한 필수 단계입니다.

어떤 면에서 사자의 단계는 진정한 어른이 되는 시작점입니다. 더 이상 남이 정해준 길을 따라가는 것이 아니라, 자신의 내면에서 울려 퍼지는 가치를 따라 살기 시작하는 순간이니까요.

아이의 단계: 창조와 자기 긍정

마지막 변화는 사자가 아이로 거듭나는 순간입니다. 왜 하필 '아이'일까요? 아이는 순수한 창조와 놀이, 그리고 자기 긍정의 완벽한 상징이기 때문입니다. 니체는 아이를 이렇게 아름답게 표현했습니다: "무죄함, 망각, 새로운 시작, 놀이, 스스로 굴러가는 바퀴, 최초의 움직임, 신성한 긍정."

생각해보세요. 아이들이 무언가에 몰입할 때의 모습을. 그들은 시간을 잊고, 타인의 판단을 의식하지 않으며, 그저 순간에 완전히 존재합니다. 그들에게 놀이는 목적이 아닌 그 자체로 기쁨입니다.

아이의 단계에서 우리는 더 이상 "이건 틀렸어!"라고 외치는 사자의 반항에만 머물지 않습니다. 이제 우리는 "이렇게 해볼까?"라는 창조적 태도로 자신만의 가치를 만들어갑니다. 삶 자체가 하나의 예술 작품이자 놀이가 되죠. 매 순간을 마치 처음 경험하는 것처럼 신선하고 충만하게 살아갑니다.

무엇보다 중요한 것은, 아이의 단계에서 우리는 있는 그대로의 자신을 온전히 받아들이고 사랑한다는 점입니다. 더 이상 "다른 사람들이 나를 어떻게 생각할까?"라는 걱정에 사로잡히지 않습니다. 대신 "이것이 진정한 나야"라는 기쁨과 확신을 느끼죠.

이 단계에 도달한 사람은 타인의 박수나 인정이 더 이상 필요하지 않습니다. 그들은 자신의 진정한 본성과 조화를 이루며 살아가고, 이것이 바로 니체가 말하는 "진정한 나 자신이 되는" 상태입니다.

자기 사랑의 진정한 의미

니체가 말하는 자기 사랑은 요즘 인스타그램에서 볼 수 있는 나르시시즘이나 '나만 생각하는' 이기주의와는 완전히 다릅니다. 그것은 자신을 깊이 이해하고, 있는 그대로 받아들이며, 자신 안에 숨겨진 가능성을 꽃피우려는 진실된 애정입니다.

『즐거운 학문』에서 니체는 이렇게 아름답게 표현했습니다.

> "자신을 사랑하는 것은 하룻밤에 익히는 기술이 아니다.
> 매일 자신에게 작은 선물을 주는 것으로 시작하라.
> 그러다 보면 결국에는 온전한 자신을
> 가장 아름다운 선물로 받아들이는 법을 배우게 될 것이다."

이 구절이 알려주는 것은, 자기 사랑이 갑자기 생기는 감정이 아니라 매일의 작은 실천을 통해 키워가는 기술이라는 점입니다. 마치 정원을 가꾸듯, 우리는 매일 조금씩 자신을 돌보고 가꾸어 나가야 합니다.

이것은 결코 자신의 부족함을 무시하거나 "난 완벽해!"라고 자기 최면을 거는 것이 아닙니다. 오히려 자신의 그림자, 실수, 약점까지도 "이 모든 것이 나의 일부이구나"라고 받아들이는 것이죠. 그리고 그 모든 것을 안고, 끊임없이 성장하고 변화하는 자신의 여정을 사랑하는 것입니다.

고독의 중요성

자기 사랑을 키우는 여정에서 고독은 선택이 아닌 필수 요소입니다. 니체는 『인간적인, 너무나 인간적인』에서 의미심장한 말을 남겼습니다: "자신을 찾기 위해서는 잠시 세상을 잃어야 할 수도 있다." 고독의 시간 속에서 우리는 타인의 기대와 사회적 소음으로부터 벗어나 자신의 진정한 내면의 목소리를 들을 수 있게 됩니다.

그렇다고 니체가 말하는 고독이 우울한 외로움이나 세상과의 단절을 의미하는 건 아닙니다. 오히려 그것은 자신과의 깊은 대화이자, 내면에 숨겨진 보물을 발견하는 소중한 기회입니다. 『차라투스트라는 이렇게 말했다』에서 그는 아름답게 표현했습니다.

> "혼자 있는 고요한 시간 속에서
> 당신만의 빛나는 별(목적)이 드러나고,
> 당신만의 삶의 법칙이 자라나게 된다."

생각해보세요. 우리가 항상 다른 사람들의 의견과 판단에 둘러싸여 있다면, 우리 안의 작은 목소리는 어떻게 들릴 수 있을까요?

마치 시끄러운 파티장에서 속삭임을 듣기 어려운 것처럼, 우리의 진정한 열망과 가치는 조용한 고독 속에서만 선명히 들립니다.

고독의 시간을 통해 우리는 자신만의 별, 즉 우리만의 독특한 방향과 가치를 발견하게 됩니다. 이것이야말로 "진정한 나 자신이 되는" 여정의 핵심입니다.

자기 사랑과 타인과의 관계

니체가 보는 진정한 자기 사랑은 다른 사람과의 관계를 오히려 더 풍요롭게 만듭니다. 자신을 진심으로 사랑하는 사람은 "제발 날 사랑해줘"라는 절박함에서 벗어나 훨씬 더 건강하고 자유로운 방식으로 타인과 관계를 맺게 됩니다.

『차라투스트라는 이렇게 말했다』에서 니체는 기존 도덕관을 뒤집는 놀라운 말을 남겼습니다.

> "나는 이웃을 너 자신처럼 사랑하라고 가르치지 않는다.
> 오히려 나는 너 자신을 사랑하는 법을 배우라고 가르친다
> - 그리하여 너의 이웃을 자신처럼 사랑할 수 있을 것이다."

이 말은 진정한 자기 사랑이 이기적인 것이 아니라, 오히려 진실된 이타주의의 출발점이 된다는 것을 보여줍니다. 생각해보세요. 자기 자신을 미워하거나 제대로 돌보지 못하는 사람이 어떻게 다른 이를 온전히 사랑할 수 있을까요?

빈 컵에서는 다른 컵을 채울 수 없듯이, 자신을 채우지 못한 사람은 타인에게 진정한 사랑을 줄 수 없습니다. 자신을 사랑하는 법을 배울 때, 비로소 우리는 타인도 더 깊이, 더 자유롭게, 더 조건 없이 사랑할 수 있게 됩니다.

존재의 거울: 영인의 이야기

영인은 늘 '모범생'이었습니다. 어린 시절부터 부모의 기대를 한 치의 오차도 없이 충족시키기 위해 애썼습니다. 공부는 물론 최상위권을 유지했고, 명문 법대에 진학해 변호사가 되어 안정적인 경력을 쌓았습니다. 겉으로 보기에 그녀의 삶은 완벽 그 자체였습니다. 부러움을 살 만한 직업, 넉넉한 수입, 그리고 주변 사람들의 끊임없는 찬사까지.

하지만 마흔 번째 생일을 앞둔 어느 고요한 밤, 영인은 아파트 창가에 서서 가슴 깊은 곳에서 올라오는 공허함을 마주했습니다. 문득 그녀의 머릿속을 스치는 생각.

'이 삶은 정말 내가 원하는 삶일까? 아니면 부모님이 그려준 인생의 밑그림을 그저 색칠하고 있는 것일까? 진짜 나는 어디에 있지?'

영인은 오래전 기억 속으로 빠져들었습니다. 어릴 적 그녀는 글 쓰는 것에 푹 빠져 있었습니다. 학창 시절에는 늘 일기장을 품에 안고 다녔고, 서툴지만 진심이 담긴 소설도 몇 편 써보았습니다.

하지만 법학의 길에 들어서면서 그 모든 열정은 '현실적이지 못한 꿈'이라는 이름표와 함께 서랍 깊숙이 묻혀버렸습니다.

어느 비 오는 저녁, 영인은 오래된 서점에 들어갔습니다. 빗물에 젖은 코트를 털며 서가를 둘러보던 그녀의 시선에 한 책이 들어왔습니다. 마치 그녀를 기다렸다는 듯 니체의 『차라투스트라는 이렇게 말했다』가 그곳에 있었습니다. 집에 돌아와 책을 펼치자 "진정한 너 자신이 되어라"라는 구절이 그녀의 가슴을 파고들었습니다. 단 네 단어가 영인의 영혼을 뒤흔들었습니다.

밤새 니체의 글과 씨름하는 동안, 영인의 내면에서는 조용한 혁명이 일어나고 있었습니다. 새벽이 밝아올 무렵, 그녀는 생애 처음으로 자신에게 완전히 솔직해지기로 결심했습니다. 그것은 두렵지만, 동시에 이상하게도 해방감을 주는 결정이었습니다. '이제는 내 삶의 주인이 되어야 할 때야.' 그녀는 마음속으로 다짐했습니다. 오랜 성찰 끝에, 그녀는 어린 시절부터 가슴 깊이 품어왔던 작가의 꿈을 더 이상 외면할 수 없다는 진실과 마주했습니다.

안전한 변호사의 길을 벗어나는 것은 결코 쉽지 않았습니다. 영인은 조심스럽게 주말마다 글쓰기 워크숍에 참여하기 시작했습니다. 서서히 자신의 목소리를 되찾아가면서, 그녀는 용기를 내어 파트타임으로 일하며 첫 소설의 밑그림을 그리기 시작했습니다. 당연히 부모님은 실망했고, 동료들은 그녀가 "늦바람"에 빠졌다며 수군거렸습니다.

하지만 처음으로 영인은 자신의 심장이 뛰는 리듬에 맞춰 살아가는 기쁨을 느꼈습니다. 글을 쓰는 순간마다 그녀는 오랫동안 잠자고 있던 자신의 진짜 목소리를 발견했고, 그 소리는 그녀에게 말로 표현할 수 없는 충만함을 선사했습니다. 더 이상 타인의 기대라는 무게에 짓눌리지 않고, 그녀는 마침내 자신의 내면의 나침반을 따라 항해하기 시작했습니다.

신기하게도, 영인의 진정성은 주변을 물들이기 시작했습니다. 그녀의 첫 소설은 많은 독자들의 마음속에 잔잔한 파동을 일으켰고, 조금씩 문학계의 인정을 받기 시작했습니다. 더 값진 것은 그녀가 이전보다 훨씬 깊고 진실된 인간관계를 경험하게 되었다는 점이었습니다. 더 이상 가면을 쓰지 않았기에, 사람들은 그녀의 솔직한 민낯에 더 깊이 공감하고 연결될 수 있었습니다.

영인은 니체의 가르침을 삶으로 체현했습니다.

"자기 자신이 되는 것은 실로 가장 어렵지만,
가장 값진 인생의 과업이다."

쉰 살이 된 지금, 영인은 두 번째 소설을 세상에 내놓고, 자신만의 글쓰기 워크숍을 이끌고 있습니다. 그녀의 여정은 많은 이들에게 영감의 원천이 되었습니다. 워크숍에서 그녀는 종종 이렇게 말합니다.

"당신 인생에서 가장 중요한 질문은 '다른 사람들이 나에게 무엇을 바라는가?'가 아니라, '내가 진정으로 열망하는 것은 무엇인가?'입니다. 그 질문에 온전히 정직해질 용기를 냈을 때, 비로소 당신은 자신을 사랑하는 법을 배우기 시작할 수 있어요."

 자신을 진정으로 사랑한다는 것은 쉬운 길이 아닙니다. 그것은 종종 고통과 마주하는 용기를 요구합니다. 바로 이 고통을 어떻게 대하느냐가 우리 삶의 깊이를 결정짓습니다. 니체는 이러한 과정을 '초인으로 나아가는 길'이라 표현했습니다. '초인(Übermensch)'이란 단순히 강한 존재가 아니라, 자신의 고통과 한계를 정면으로 마주하고, 그 속에서 더 나은 자아로 스스로를 벼려내는 사람입니다. 우리 모두에게 그런 가능성이 있습니다. 이제, 초인을 향한 첫 발걸음을 내딛어 볼까요?

✦ 초인을 향한 발걸음

1. **자기 성찰의 시간 갖기**: 매일 5분씩 자신의 진짜 감정과 욕구를 일기에 적어보세요. 다른 사람들의 기대나 '해야 한다'는 생각이 아닌, 진정으로 당신이 원하는 것이 무엇인지 탐색해 보세요. 시간이 지나면서 패턴이 드러날 것입니다.

2. **타인의 기대와 자신의 욕구 구분하기**: 중요한 결정을 앞두고, "이것은 내가 진정으로 원하는 것인가, 아니면 다른 사람이 나에게 기대하는 것인가?"라고 자문해 보세요. 당신의 선택이 외부의 압력이 아닌, 내면의 진실에서 비롯되도록 노력하세요.

3. **자기 대화의 톤 바꾸기**: 내면의 비판적인 목소리를 알아차리고, 자신에게 친구에게 말하듯 더 친절하고 격려하는 방식으로 말하는 연습을 하세요. 실수를 했을 때도 자신을 비난하기보다는 이해하고 용서하는 태도를 기르세요.

4. **'해야 한다'는 생각보다 '원한다'는 생각에 더 집중하기**: 의무감보다는 진정한 열망에서 비롯된 선택들을 점점 더 많이 하세요. 자신의 행동이 외부의 압력이 아닌, 내면의 가치와 일치하도록 노력하세요.

5. 자신만의 시간과 공간 확보하기: 매주 몇 시간이라도 온전히 자신을 위한 시간을 만들어, 내면의 소리에 귀 기울이세요. 이 시간은 당신이 좋아하는 활동을 하거나, 단순히 아무것도 하지 않고 쉬는 시간일 수 있습니다.

6. 작은 진정성부터 시작하기: 모든 영역에서 한꺼번에 변화를 시도하지 말고, 작은 부분부터 더 진실된 자신을 표현하는 연습을 하세요. 예를 들어, 정말 보고 싶지 않은 모임에는 정중히 거절하거나, 자신의 진짜 취향과 의견을 조금씩 표현해 보세요.

7. 자신의 강점 인식하기: 당신만의 고유한 재능과 강점이 무엇인지 알아보세요. 이것들은 당신이 쉽게 할 수 있고, 할 때 에너지가 넘치는 활동들입니다. 이런 강점을 더 자주 활용하고 발전시킬 방법을 찾아보세요.

8. 완벽주의에서 벗어나기: 실수와 불완전함을 인간의 자연스러운 부분으로 받아들이세요. 모든 것을 완벽하게 하려는 압박에서 벗어나, 성장과 배움의 과정을 즐기세요.

"자기 자신이 되려는 용기를 가져라
그것이 당신이 할 수 있는 유일한 일이다."

『차라투스트라는 이렇게 말했다』

2장

고통을 피하지 않는다
"고통은 깊이가 된다."

─────── 오늘날 우리 사회는 '행복'을 강요합니다. 베스트셀러 자기계발서들은 '긍정적으로 생각하세요'를 끊임없이 반복하고, 인스타그램에는 필터로 완벽해진 순간들만 넘쳐납니다. TV에서도, 회사 연수에서도, 친구와의 대화에서도 '긍정'과 '행복'이란 단어가 마치 주문처럼 들려옵니다. 마치 슬픔이나 아픔은 우리가 뭔가 잘못해서 생긴 것처럼, 어떻게든 피해야 하는 것처럼 말이죠.

하지만 삶에는 기쁨만큼이나 고통도 자연스럽게 존재합니다. 슬픔, 상실, 실패, 좌절, 아픔 - 이 모든 것은 인간 경험의 필수적인 부분입니다. 니체는 현대 사회가 고통을 부정하고 회피하려는 경향을 날카롭게 비판했습니다.

니체는 『비극의 탄생』이란 책에서 이런 통찰을 남겼습니다.

<u>"인생은 본질적으로 고통과 시련으로 가득하다.</u>
<u>그러나 바로 그 이유로 인생은 살아볼 가치가 있는 것이다."</u>

니체에게 고통은 단순한 불행이 아니라, 깊이와 지혜의 원천이었습니다. 그는 고통을 피하거나 부정하는 것이 아니라, 그것을 직면하고 받아들일 때 우리가 진정으로 성장한다고 믿었습니다.

고통의 변형적 힘

니체는 첫 주요 저서인 『비극의 탄생』에서 고대 그리스인들의 놀라운 지혜를 발견했습니다. 그들은 우리와 달랐죠. 삶의 어두운 부분들을 숨기거나 부정하지 않았습니다. 오히려 그것들을 정면으로 바라보고 '비극'이라는 예술로 승화시켰죠.

이것은 마치 연금술과 같았습니다. 그리스인들은 인생의 가장 어두운 경험이라는 '납'을 예술이라는 '금'으로 변화시키는 비법을 알고 있었던 거죠. 오늘날 우리가 고통을 숨기려 할 때, 그들은 오히려 그것을 무대 위에 올려놓고 의미와 아름다움을 찾았습니다.

니체는 이 과정에서 두 가지 상반된 힘이 필요하다고 봤습니다.

아폴론적 요소: 형식, 질서, 이성을 담당합니다.
혼돈에 틀을 부여하죠.
디오니소스적 요소: 열정, 본능, 창조적 혼돈을 의미합니다.
삶의 원초적 에너지죠.

이 두 힘은 마치 우리 몸의 좌뇌와 우뇌처럼, 또는 낮과 밤의 순환처럼 둘 다 필요합니다. 하나만으로는 불완전하죠. 이성만 강조하면 삶은 메마르고, 감정과 본능만 따르면 파괴적이 됩니다.

머리와 가슴이 함께 작동할 때 우리가 제대로 기능하듯, 이 두 힘의 균형이 우리 삶을 풍요롭게 합니다. 빛만 보고 싶어하는 사람은 결국 절반의 삶만 경험하게 됩니다. 하지만 빛과 그림자, 기쁨과 고통 모두를 받아들일 때, 우리는 더 깊고 진실된 삶을 살게 됩니다

『선과 악을 넘어서』에서 니체는 이렇게 말합니다.

"깊은 고통은 사람을 고귀하게 만든다.
그것은 우리를 평범함에서 분리시켜
더 깊은 이해를 가져온다."

한번도 깊은 슬픔을 경험하지 않은 사람과, 큰 상실을 겪고 그것을 받아들인 사람 사이에는 차이가 있습니다. 고통을 겪고 그것을 통과한 사람은 타인의 아픔에 더 깊이 공감하고, 삶의 모든 면을 더 예민하게 느낄 수 있게 됩니다.

고통을 통해 우리는 자신의 한계를 넘어서고 내면의 강인함을 발견합니다. 니체의 유명한 말처럼: "나를 완전히 파괴하지 못하는 시련은 결국 나를 더 강하게 만든다." 역경과 고통은 우리를 약하게 만드는 것이 아니라, 오히려 더 강하고 지혜롭게 만들 수 있습니다. 물론 우리가 그것을 받아들이고 그로부터 배우려 할 때만 가능한 일이죠.

고통과 창조성

니체는 고통이 단순한 장애물이 아니라 놀랍게도 창조력의 분출구가 될 수 있다고 보았습니다. "위대한 것들은 깊은 고통을 통과해야만 태어난다"라고 그는 말했습니다. 역사 속 위대한 예술가들을 떠올려보세요. 반 고흐는 정신적 고통과 사회적 소외 속에서 별이 춤추는 하늘을 그렸고, 베토벤은 청력을 잃어가면서 가장 아름다운 교향곡들을 작곡했으며, 프리다 칼로는 평생의 신체적 고통을 강렬한 자화상으로 표현했습니다.

이들의 작품이 우리 마음을 강하게 울리는 이유는 무엇일까요? 그것은 그들이 자신의 개인적인 고통을 단순히 '참은' 것이 아니라, 그것을 창조적으로 '변형'시켰기 때문입니다. 그들은 자신만의 아픔을 보편적 공감대를 불러일으키는 예술로 승화시켰습니다.

고통은 우리를 일상의 표면에서 벗어나 삶의 더 깊은 물음들로 인도합니다. 모든 것이 순조롭게 진행될 때는 우리는 깊은 질문들을 던지지 않습니다. "나는 왜 여기 있는가?" "내 삶의 의미는 무엇인가?" 이런 근본적인 물음들은 주로 우리가 어려움에 처했을 때 찾아옵니다.

또한 고통은 자기 발견의 강력한 도구가 됩니다. 평온하고 행복한 시간에는 잘 보이지 않던 자신의 숨겨진 측면들이 고통 속에서 그 모습을 드러냅니다. 우리는 위기 속에서 자신의 진짜 두려움, 한계를 마주하게 됩니다. 그러나 동시에, 우리 안에 있던 놀라운 강인함과 회복력도 발견하게 됩니다. "나는 이렇게 강한 사람이었구나"라는 깨달음은 주로 큰 시련을 통과한 후에 옵니다.

고통에 의미 부여하기

그러나 니체는 단순히 고통을 찬양하거나 미화한 것이 아닙니다. 그가 진정으로 강조한 것은 고통에 의미를 부여하는 일의 중요성입니다. 그는 강력한 통찰을 남겼습니다:

"인간을 진정으로 절망에 빠뜨리는 것은 고통 그 자체가 아니라, 그 고통에 아무런 의미가 없다고 느끼는 것이다."

이 지점이 매우 중요합니다. 고통 자체가 자동으로 우리를 성장시키는 것은 아닙니다. 의미를 찾지 못한 고통, 이유를 알 수 없는 고통은 우리를 무너뜨릴 수 있습니다. 병원에서 진단명 없이 고통만 겪는 환자를 생각해보세요. 그들에게 가장 힘든 것은 종종 고통의 원인을 모르는 불확실함입니다. 하지만 우리가 고통에 의미를 찾고, 그것을 통해 무언가를 배우고 성장할 수 있다면, 그 고통은 우리 삶의 귀중한 부분으로 변화할 수 있습니다.

니체의 '운명을 사랑하기(amor fati)' 개념은 바로 이런 의미 부여의 강력한 형태입니다. 이는 삶에서 일어나는 모든 것—기쁨과 고통, 성공과 실패, 행운과 불운—을 온전히 받아들이고 심지어 사랑하는 태도를 의미합니다. 그는 『즐거운 학문』에서 이렇게 아름답게 표현했습니다.

"나는 점점 더 그것을 보고 있다
- 앞으로 내 철학의 본질이 될 것은 '운명을 사랑하기',
바꿀 수 없는 것을 사랑하는 것이다."

이것은 단순한 체념이나 수동적 수용이 아닙니다. 오히려 적극적으로 자신의 삶—그 모든 기쁨과 고통을 포함해서—을 끌어안고 "그래, 이것이 나의 삶이다. 나는 이것을 사랑한다"라고 말할 수 있는 강인함입니다. 마치 우리가 소중한 사람을 그들의 결점까지도 포함해 사랑하듯이, 우리 자신의 삶도 그 모든 측면을 포함해 사랑하는 것입니다.

고통을 회피하는 현대 사회의 함정

현대 사회는 고통을 일종의 오류나 질병처럼 다룹니다. 불편함은 즉시 제거해야 할 것, 슬픔은 가능한 한 빨리 '치료'해야 할 상태로 여겨집니다. 약물로 통증을 없애고, 끊임없는 오락으로 마음의 아픔을 덮어버리며, 쇼핑으로 공허함을 채우고, '긍정적 사고'만을 반복하라고 권장합니다. 이 모든 것은 고통의 목소리를 잠시라도 들리지 않게 만들기 위한 현대적 전략들입니다.

니체는 이런 접근법이 결국 우리 삶에서 중요한 깊이와 의미를 앗아간다고 경고했습니다. 『도덕의 계보학』에서 그는 현대 사회의 '무리 본능'과 편안함에 대한 지나친 집착을 날카롭게 비판했습니다. 이런 사회에서는 모든 것이 평균화되고, 모든 모서리가 둥글게 깎이며, 도전과 고통은 최소화됩니다. 결과적으로 우리는 더 안전하지만, 동시에 더 얕고 덜 의미 있는 삶을 살게 됩니다.

아이들이 놀이터에서 넘어지는 것을 지나치게 두려워하는 부모를 생각해보세요. 그들은 아이를 모든 위험에서 '보호'하지만, 동시에 아이가 균형 잡는 법, 넘어진 후 다시 일어서는 법, 자신의 한계를 시험하는 법을 배울 기회도 빼앗습니다. 니체가 보기에 현대 사회는 이런 과보호적인 부모와 같습니다.

그렇다고 니체가 불필요하게 고통을 찾아 나서라고 말하는 것은 아닙니다. 그는 마조히스트가 아니었습니다. 그가 권장하는 것은 삶에서 필연적으로 마주치게 되는 어려움, 상실, 실패를 직면했을 때, 그것을 부정하거나 서둘러 지워버리려 하지 말고, 받아들이고 자신의 일부로 통합하는 태도입니다.

우리가 상처를 회피하는 대신 그것을 인정하고 치유를 허용할 때, 우리는 더 강해집니다. 실패를 숨기는 대신 그것에서 배울 때, 우리는 더 지혜로워집니다. 상실의 아픔을 느끼지 않으려 애쓰는 대신 그 감정을 충분히 경험할 때, 우리는 더 깊은 사랑의 능력을 발전시킵니다. 이러한 태도가 결국 우리를 더 강인하고, 더 깊이 있고, 궁극적으로 더 충만한 인간으로 만들어 줍니다.

존재의 거울: 정우의 이야기

정우는 대학 시절 큰 실패를 경험했습니다. 오랫동안 준비한 창업 아이템이 시장에서 완전히 외면받았던 것입니다. 그가 2년간 모든 열정과 자원을 쏟아부은 프로젝트는 3개월 만에 무너졌습니다.

처음에 정우는 그 고통을 피하려 했습니다. 친구들을 만나는 것을 거부하고, 대신 혼자 집에서 게임과 술로 시간을 보냈습니다. 그는 자신의 실패를 인정하기가 너무 두려웠고, 그 감정을 마주하는 대신 회피하고 있었습니다.

정우는 실패의 그림자 속에 점점 더 깊이 빠져들었습니다. 친구들의 연락을 거부하고, 강의실 맨 뒷자리에 숨어 앉으며, 밤에는 게임과 술로 현실을 잊으려 했습니다. 그의 내면은 '왜 하필 나만'이라는 원망과 자책으로 메아리쳤습니다. 한 달, 두 달... 시간은 흘렀지만 고통은 줄어들지 않았습니다.

그러던 어느 비 오는 오후, 도서관 구석에 혼자 앉아 있던 정우는 우연히 책장에서 눈에 띄는 제목을 발견했습니다. 니체의 『즐거운 학문』. 무심코 펼친 페이지에서 한 문장이 그의 시선을 사로잡았습니다.

"고통이 깊이가 된다."

그 순간, 무언가가 그의 마음속에서 미세하게 움직이기 시작했습니다. "고통이 깊이가 된다"는 구절이 그의 마음에 깊은 울림을 주었습니다. 그는 처음으로 자신의 실패와 그로 인한 고통을 직면해 보기로 결심했습니다.

용기를 내어 정우는 자신의 실패한 프로젝트를 냉정하게 되돌아보는 시간을 가졌습니다. 처음에는 고통스러웠습니다. 모든 실수와 잘못된 판단들이 너무나 명확히 보였고, 그것을 인정하는 것은 가슴이 찢어지는 경험이었습니다. 하지만 이상하게도, 그 과정에는 일종의 정화와 해방감이 따랐습니다. 마치 오랫동안 감염된 상처를 마침내 깨끗이 씻어내는 것 같았습니다.

가장 중요한 것은, 그가 자신의 실패와 고통을 자신의 이야기의 일부로 받아들이기 시작했다는 것입니다. 그는 더 이상 그것을 부끄러운 비밀이나 지워야 할 오점으로 보지 않았습니다. 대신, 그것을 자신의 성장 과정의 중요한 부분으로 인식했습니다.

이 고통스러운 경험과 그것을 직면하는 과정은 정우를 더 겸손하고, 더 현명하며, 더 강인한 사람으로 만들었습니다. 그는 더 이상 성공만을 쫓는 것이 아니라, 진정으로 가치 있는 것을 창조하는 데 관심을 갖게 되었습니다. 그는 또한 다른 사람들의 실패와 고통에 더 깊이 공감할 수 있게 되었습니다.

5년 후, 정우의 두 번째 창업은 큰 성공을 거두었습니다. 이번에는 그는 시장의 필요와 자신의 능력을 더 현실적으로 평가했고, 더 유연하고 회복력 있는 접근 방식을 취했습니다. 많은 사람들은 그의 깊이 있는 인사이트와 회복력에 감탄했습니다.

한 인터뷰에서 그는 이렇게 말했습니다.

"첫 번째 실패가 없었다면, 오늘의 성공도 없었을 것입니다. 그 고통은 저를 더 깊은 사람으로 만들었고, 그 깊이가 지금의

제 사업의 기반이 되었습니다."

이제 그는 실패를 경험하는 젊은 창업자들을 위한 멘토링 프로그램도 운영하고 있습니다. 그는 자신의 경험을 나누며, 고통을 피하거나 부정하지 말고, 그것을 통해 배우고 성장하라고 조언합니다. 그의 이야기는 많은 사람들에게 영감을 주고 있습니다.

이처럼 고통을 피하지 않고 그것과 함께 성장하는 법을 배우면, 우리는 더 이상 외부 세계의 기대와 유행에 휘둘리지 않게 됩니다. 이제 우리는 자신만의 별을 따라갈 준비가 되었습니다.

✦ 초인을 향한 발걸음

1. **감정 일기 쓰기**: 어려운 감정이 올 때, 그것을 억누르지 말고 일기에 솔직하게 표현해 보세요. 감정을 이름 붙이고 인정하는 것만으로도 그것을 다루는 첫 번째 단계가 됩니다. "나는 지금 슬프다/화가 났다/두렵다"라고 인정하는 것부터 시작하세요.

2. **고통의 교훈 찾기**: 고통스러운 경험을 겪을 때, "이 경험이 나에게 무엇을 가르치려 하는가?"라고 자문해 보세요. 모든 고통에는 배울 점이 있습니다. 그것이 인내, 공감, 겸손, 또는 자신에 대한 더 깊은 이해일 수 있습니다.

3. **내러티브 바꾸기**: "왜 하필 나에게 이런 일이 일어나는가?"라는 질문 대신, "이 경험이 나를 어떻게 성장시키고 있는가?"라고 생각해 보세요. 자신을 희생자가 아닌, 자신의 이야기의 주인공으로 보는 연습을 하세요.

4. **고통 나누기**: 고통을 나누는 것을 두려워하지 마세요. 신뢰할 수 있는 친구, 가족, 또는 전문가에게 당신의 어려움을 이야기하는 것은 고통을 의미 있게 만드는 방법입니다. 다른 사람들도 비슷한 경험을 했다는 것을 알게 되면, 당신의 고통에 보편성과 의미가 더해집니다.

5. **작은 불편함 선택하기**: 자발적으로 작은 불편함을 선택하는 연습을 해보세요. 예를 들어, 가끔 평소보다 일찍 일어나거나, 편안한 루틴에서 벗어나 새로운 도전을 시도해 보는 것입니다. 이런 작은 연습이 더 큰 고통을 마주할 수 있는 근육을 키워줍니다.

6. **고통의 예술화**: 니체가 제안했듯이, 고통스러운 경험을 예술이나 창조적 표현으로 변형시켜 보세요. 글쓰기, 그림, 음악, 춤 등 다양한 방식으로 당신의 고통을 표현할 수 있습니다. 이것은 고통에 의미와 아름다움을 부여하는 강력한 방법입니다.

7. **신체적 고통 인식하기**: 감정적 고통이 종종 신체적 증상 (두통, 근육 긴장, 소화 문제 등)으로 나타난다는 것을 알아두세요. 당신의 몸이 보내는 신호에 주의를 기울이고, 그것을 무시하거나 억누르지 말고 적절히 대응하세요.

8. **고통 속에서 감사 찾기**: 어려운 시기에도 감사할 것을 찾는 연습을 하세요. 이것은 고통을 부정하는 것이 아니라, 어두움 속에서도 빛을 발견하는 능력을 키우는 것입니다. 매일 밤, 그날 감사한 세 가지를 적어보세요.

"가장 깊은 고통 속에서
가장 높은 기쁨이 태어난다."

『비극의 탄생』

3장

자기만의 별을 따라간다
"너는 너의 별을 가져야 한다."

─────── 주변을 한번 둘러보세요. 우리는 끊임없이 '이렇게 살아야 성공하는 거야'라는 메시지에 둘러싸여 있습니다. TV는 "이런 집에 살아야 진정한 성공이지", 패션 잡지는 "요즘은 이렇게 입어야 센스 있는 거야", 소셜미디어는 "이 핫플레이스 안 가봤으면 인생의 절반은 손해 보는 거야"라고 쉴 새 없이 속삭입니다.

마치 '좋은 삶'이라는 하나의 템플릿이 존재하고, 우리 모두는 그 틀에 맞춰 살아야만 하는 것처럼 느껴지지 않나요? "남들처럼" 살아야 한다는 이 보이지 않는 압력이 우리의 숨통을 조이고 있습니다.

그런데 잠시 생각해 보세요. 정말 70억 넘는 사람들이 모두 같은 길을 걸어야 할까요? 각자 다른 재능, 다른 열정, 다른 개성을 가진 우리 모두에게 딱 맞는 단 하나의 삶의 방식이 있을까요? 니체는 이런 '모두를 위한 단 하나의 길'이라는 생각에 단호하게 "아니오"라고 말했습니다.

<u>"너는 너의 별을 가져야 한다."</u>

이 말은 단순히 "네 마음대로 아무렇게나 살아라"라는 의미가 아닙니다. 그것은 깊은 자기 성찰과 진정한 용기를 요구하는 삶의 자세입니다. 자신만의 별을 갖는다는 것, 그것은 무엇을 의미할까요?

그것은 다른 사람의 인생 지도를 따라가는 것이 아니라, 자신만의 지도를 그리는 것입니다. 남들이 정한 성공의 기준이 아닌, 자신만의 성공 기준을 세우는 것입니다. 이는 쉽지 않은 여정이지만, 진정한 자유와 충만함을 가져다주는 유일한 길입니다.

무리 본능의 위험성

니체는 인간의 '무리 본능(herd instinct)'을 깊이 걱정했습니다. 이 본능이란 무엇일까요? 그것은 우리 안에 깊숙이 자리한, 집단에 속하고 싶은 열망입니다. 튀지 않기 위해, 거부당하지 않기 위해, 안전하게 평균의 중심에 머물고 싶은 무의식적 욕구입니다. 마치 사바나에서 포식자의 눈을 피하기 위해 무리 중앙에 머무르는 영양처럼 말입니다. 니체는 이에 대해 날카로운 통찰을 남겼습니다.

"군중은 결국 모든 것을 평균화하길 원하고,
이 평균이란 결국 가장 낮은 수준으로 귀결된다."

이 말은 오늘날 더욱 와닿습니다. 사회는 보통 특별함보다는 평범함을, 혁신보다는 익숙함을, 독창성보다는 순응을 더 편안하게 여깁니다. 회사에서도 "팀플레이어가 되라"고 강조하면서, 사실은 "괜히 튀지 말고 조용히 있어라"는 메시지를 전달할 때가 많죠. 이런 분위기 속에서 자신만의 목소리를 내는 것, 자신만의 길을 가는 것은 생각보다 큰 용기가 필요합니다.

더 심각한 문제는, 이 무리 속에서 우리가 자신의 본질을 서서히 잃어간다는 점입니다. 이것은 단순히 다른 사람들에게 맞추는 정도가 아니라, 점진적인 자아의 소멸입니다. 마치 서서히 데워지는 물 속의 개구리가 위험을 느끼지 못하듯, 우리도 자신만의 독특한 목소리가 사라져가는 과정을 잘 알아차리지 못합니다. 니체는 『아침놀』에서 이렇게 말합니다.

"군중 속에서 개인은 자신에 대한 책임을 잊어버린다.
왜냐하면 그는 더 이상 자신의 행동을 스스로 판단하지 않고
집단의 판단에 의존하기 때문이다."

다른 사람들 속에 섞이면, 우리는 종종 개인적인 판단과 책임감을 포기합니다. "다들 그렇게 하니까", "원래 관례가 그렇잖아", "남들도 다 하는데 뭐"라는 생각으로 행동하고, 자신이 진정으로 믿는 가치와 원칙에 따라 판단하지 않게 됩니다. 어느 순간 우리는 자신의 판단력을 귀중한 개인 자산이 아닌, 불편한 부담으로 여기기 시작합니다.

그러나 니체가 말하듯, 진정한 자유와 성장은 이 무리 본능에서 벗어날 때 비로소 가능해집니다. 자신만의 별을 따르는 여정은 때

로 외롭고 불안할 수 있지만, 그 길만이 진정한 자아를 찾고 실현하는 유일한 방법입니다.

자기만의 가치 창조하기

니체에게 '자기만의 별을 따른다'는 것은 단순히 남과 다른 옷을 입거나 특이한 취미를 갖는 표면적인 개성 표현이 아닙니다. 그것은 훨씬 더 근본적인 작업입니다. 마치 예술가가 백지 위에 완전히 새로운 세계를 창조하듯, 자신만의 의미와 가치 체계를 구축하는 것입니다.

니체는 우리가 지금까지 당연하게 받아들인 모든 가치들을 의심의 눈으로 다시 살펴볼 것을 권합니다. 『선과 악을 넘어서』에서 그는 이렇게 말합니다.

"지금까지 당연히 가치 있다고 여겨진 모든 것을
당신 스스로 새롭게 평가하고 검증하라."

이것은 마치 집안 대청소와 같습니다. 오래된 물건들을 하나씩 꺼내 "이것이 정말 나에게 가치가 있는가?" 물어보는 것처럼, 모든 도덕적 가치와 믿음을 재평가하는 것입니다.

니체는 『도덕의 계보학』에서 흥미로운 역사적 분석을 제시합니다. 그에 따르면, 우리가 '좋다' 또는 '나쁘다'고 여기는 가치들은 사실 역사적 권력 관계에서 비롯되었다는 것입니다. 고대 로마 시대에는 '귀족적 도덕'이 지배적이었습니다. 이 체계에서는 강인함, 자신감, 권력, 자기 긍정 같은 특성이 '좋음'으로 여겨졌습니다.

그러나 니체는 역사 속에서 일종의 '가치 전복'이 일어났다고 봤습니다. 그는 이를 '노예 반란'이라고 불렀는데, 약자들은 자신들이 가질 수 없는 강자의 특성(권력, 풍요, 자신감)을 '악'으로 재정의하고, 대신 자신들의 특성(겸손, 연민, 인내, 순종)을 '선'으로 고양시켰다는 것입니다.

이 관점에서 보면, 기독교는 이런 '원한의 도덕'이 승리한 역사적 사례입니다. 쉽게 말해, 기독교는 힘없는 사람들이 "우리가 옳다"고 주장하면서 새로운 규칙을 만든 역사입니다. "약한 자가 복되다", "겸손한 자가 천국에 들어간다"와 같은 가르침은 약자들의 가치를 선으로, 강자들의 가치를 악으로 뒤바꾼 전략이라는 것이죠.

하지만 니체의 이 분석은 단순히 "이 가치가 좋고 저 가치는 나쁘다"라고 말하는 것이 아닙니다. 그가 정말 말하고자 한 것은 모든 도덕적 가치가 절대적이거나 '하늘에서 내려온 것'이 아니라는 사실입니다. 가치란 언제나 역사적, 심리적, 사회적 힘들의 복잡한 상호작용 속에서 형성된다는 것이죠.

이러한 깨달음은 우리에게 놀라운 자유를 줍니다. 만약 기존의 모든 가치들이 인간에 의해 만들어진 것이라면, 우리 또한 새로운 가치를 창조할 수 있습니다. 다른 사람이나 사회가 정한 가치에 맹목적으로 순응하는 대신, 우리는 자신에게 진정으로 의미 있는 가치를 찾고 창조할 자유가 있는 것입니다.

이것이 진정한 의미에서 '자신만의 별을 따른다'는 것입니다. 남이 그려준 지도가 아닌, 자신만의 지도를 그리는 용기 있는 여정인 것입니다.

비교의 함정에서 벗어나기

자기만의 별을 따라간다는 것은 현대 사회의 가장 강력한 함정 중 하나인 '끊임없는 비교'에서 벗어나는 것을 의미합니다. 소셜 미디어 시대에 우리는 하루에도 수백 번씩 다른 사람들의 화려한 성공, 완벽해 보이는 외모, 부러운 물질적 성취와 자신을 비교합니다.

스크롤을 내리는 동안 우리는 무의식적으로 생각합니다: "왜 나는 저렇게 멋진 휴가를 갈 수 없지?", "어쩌면 저 사람처럼 성공적인 커리어를 가질 수 있었을까?", "왜 내 삶은 저렇게 흥미롭지 않을까?" 이런 비교는 마치 독약처럼 우리의 행복과 자존감을 서서히 갉아먹습니다.

니체는 한 세기도 더 전에 이미 이 문제를 간파했습니다. 『인간적인, 너무나 인간적인』에서 그는 이렇게 말합니다

> "모든 사람은 자신만의 독특한 방식으로 특별하다.
> 다른 사람과 자신을 비교하는 순간,
> 당신은 자신만의 특별함을 놓치게 된다."

이 통찰은 오늘날 소셜미디어가 지배하는 세상에서 더욱 절실

합니다. 인스타그램에서 우리가 보는 것은 다른 사람 삶의 하이라이트만 모아놓은 것이라는 점을 기억해야 합니다. 그들도 실패하고, 고민하고, 불안해하는 순간들이 있지만, 그런 모습은 거의 공유되지 않습니다.

당신의 삶은 다른 누구의 삶과도 비교할 수 없는 완전히 독특한 여정입니다. 당신만의 재능, 열정, 도전, 상황이 있으며, 이것들은 모두 당신만의 고유한 별을 형성합니다.

나무가 다른 나무와 자신을 비교하지 않듯이, 우리도 자신만의 방식으로 자라고 꽃피우는 법을 배워야 합니다. 어떤 나무는 빠르게 자라고, 어떤 나무는 천천히 자랍니다. 어떤 나무는 곧게 뻗고, 어떤 나무는 구부러지며 자랍니다. 하지만 각각의 나무는 자신만의 방식으로 아름답습니다.

자기만의 별을 따른다는 것은 "나는 누구와 비교해서 어떤가?"라는 질문에서 "나는 어제의 나와 비교해서 어떻게 성장했는가?"라는 질문으로 관점을 바꾸는 것입니다. 그것은 남들의 박수가 아닌, 자신의 내면의 나침반에 따라 움직이는 용기를 갖는 것입니다.

고독의 용기

자기만의 별을 따르는 길은 종종 외로운 여정입니다. 대중의 의견이나 유행과 다른 길을 선택할 때, 당신은 비판과 오해, 때로는 고립까지 경험하게 됩니다. 주변 사람들은 "왜 안정적인 직장을 그만두는 거니?", "그 나이에 새로운 것을 시작한다고?", "다른 사람들은 다 이렇게 하는데 너만 왜 저러니?"라고 물을 수 있습니다.

니체는 이런 상황을 『인간적인, 너무나 인간적인』에서 이렇게 표현했습니다.

> "자신만의 길을 걷는 사람이여,
> 당신의 길은 다른 이들에게는 광기처럼 보일 것이다.
> 왜냐하면 그것은 오직 당신만의 독특한 길이기 때문이다."

이 말은 큰 위로가 됩니다. 당신의 선택이 다른 사람들에게 이해받지 못하더라도, 그것은 단지 그들이 당신만의 독특한 별을 볼 수 없기 때문일 뿐입니다. 모든 혁신가, 예술가, 선구자들은 처음에는 '이상한 사람' 취급을 받았습니다. 아인슈타인의 상대성 이론도, 반 고흐의 그림도, 스티브 잡스의 아이폰도 처음에는 많은 사람들에게 '미친 생각'으로 여겨졌습니다.

이 고독을 견디는 용기를 가질 때, 비로소 진정한 자유와 자기실현의 기회를 얻게 됩니다. 그리고 놀랍게도, 당신이 진심으로 자신만의 별을 따르기 시작하면, 같은 별을 바라보는 다른 사람들을 만나게 됩니다. 이들과의 깊은 연결은 단순히 '같은 회사 다닌다' 또는 '같은 동네 산다'와 같은 표면적 공통점으로 맺어진 관계보다 훨씬 더 의미 있고 충만합니다.

니체는 이런 자기만의 별을 따르는 삶의 궁극적 형태로 '초인(Übermensch)' 개념을 제시했습니다. 초인은 사회적 관습과 기존 가치체계에 맹목적으로 따르지 않고, 그것을 초월하여 자신만의 가치를 창조하고 자신의 삶에 의미를 부여하는 존재입니다. 『차라투스트라는 이렇게 말했다』에서 니체는 이렇게 말합니다.

"보라, 나는 너희에게 초인을 가르친다.
인간은 뛰어넘어야 할 존재이다."

이 말은 우리 각자가 현재의 자신, 현재의 한계를 넘어서 계속해서 성장하고 진화해야 함을 의미합니다. 마치 아이가 어른이 되는 과정처럼, 우리도 끊임없이 자신의 한계를 넘어서고, 자신만의 별을 향해 나아가야 합니다.

자신만의 별을 따르는 여정은 쉽지 않지만, 그것은 가장 보람 있는 인생의 모험입니다. 그리고 그 여정의 끝에서 당신은 다른 사람의 삶을 살았던 것이 아니라, 온전히 당신만의 삶을 살았다는 깊은 만족감을 느끼게 될 것입니다.

존재의 거울: 민수의 이야기

민수는 IT 회사에서 일하는 능력 있는 직장인이었습니다. 논리적인 사고와 문제 해결 능력으로 회사에서 인정받아 빠르게 승진했지만, 겉으로 보이는 성공 뒤에는 채워지지 않는 공허함이 있었습니다.

사무실에서 모두가 다음 승진과 연봉 인상을 위해 치열하게 경쟁할 때, 민수의 마음은 다른 곳에 있었습니다. 그의 진정한 열정은 첨단 기술과는 정반대인 전통 도예였습니다. 어린 시절 할아버지가 살던 시골 마을에서 본 도예가의 손길에 매료되어, 그 감각을 평생 잊지 못했습니다.

"흙을 만지는 순간, 모든 스트레스가 사라져요." 민수는 주말마다 도예 교실에 다니며 물레를 돌리고 흙을 빚었습니다. 그곳에서만큼은 깊은 평화와 진정한 성취감을 느꼈습니다.

하지만 이런 취미를 회사 동료들과 나눌 때마다, 그는 이상한 시선을 받았습니다. "IT 전문가가 진흙을 가지고 논다고?" 동료들은 그의 "특이한 취미"에 대해 농담을 했고, 부모님은 "안정적인 직장이 최우선"이라며 걱정했습니다.

그러던 어느 비 오는 저녁, 퇴근길에 민수는 우연히 작은 서점에 들어갔습니다. 빗물에 젖은 코트를 털며 서가를 둘러보던 그의 손에 한 책이 들어왔습니다. 니체의 『차라투스트라는 이렇게 말했다』였습니다. 아무 생각 없이 펼친, 페이지 118에서 그의 눈을 사로잡은 문장: '자기 자신만의 별을 가져야 한다.' 단 다섯 단어가 그의 가슴을 강하게 두드렸습니다. 마치 오랫동안 감옥에 갇혀 있던 사람이 처음으로 자유의 가능성을 본 순간처럼, 민수의 내면에서 무언가가 깨어나기 시작했습니다.

민수는 갑작스러운 변화 대신 점진적인 접근을 선택했습니다. 회사를 바로 그만두는 대신, 퇴근 후와 주말에 더 많은 시간을 도예에 투자하기 시작했습니다.

용기를 내어 지역 예술 축제에 자신의 작품을 출품했을 때, 놀랍게도 여러 사람들이 그의 작품에 관심을 보였습니다. 민수의 도자기에는 IT 분야에서 길러진 정밀함과 전통 도예의 따뜻함이 독특하게 어우러져 있었습니다. 디지털 세계의 차가움과 흙의 따뜻함이 만나 특별한 작품이 탄생했습니다.

"이런 작품은 처음 봐요. 어디서 배우셨어요?" 사람들이 물었을 때, 민수는 쑥스럽게 웃으며 "회사원이에요, 취미로 시작했죠"라고 대답했습니다.

점차 그의 작품은 지역 커뮤니티에서 인정받기 시작했고, 몇몇 갤러리에서 전시 제안을 받았습니다. 민수는 용기를 내어 회사에 일주일에 하루 재택근무를 신청했고, 그 시간을 도예에 투자했습니다. 온라인 쇼핑몰을 통해 작품을 판매하기 시작했고, 조금씩 고정 고객도 생겼습니다.

3년이 지난 후, 민수의 작품을 좋아하는 사람들이 늘어났고 수입도 조금씩 안정되기 시작했습니다. 그러던 어느 날, 민수는 큰 결단을 내렸습니다. 많은 사람들이 부러워하는 "안정적인 직업"을 포기하고 작은 도예 스튜디오를 열기로 한 것입니다.

"미쳤어, 정말로." 친구들은 걱정했고, 부모님은 한동안 말도 걸지 않으셨습니다. 하지만 민수는 자신의 별을 따르기로 결심했습니다. "내 인생은 한 번뿐이에요. 50년 후 뒤돌아봤을 때, '도전했더라면...'이라는 후회를 하고 싶지 않아요."

새로운 여정은 결코 쉽지 않았습니다. 월급이 없는 첫 달은 정말 무서웠고, 작품이 잘 팔리지 않아 밤잠을 설칠 때도 있었습니다. 임대료를 내기 위해 밤늦게까지 작업하는 날도 많았습니다.

하지만 민수는 매일 아침 기쁨으로 일어나는 자신을 발견했습니다. 그는 더 이상 월요일을 두려워하지 않았고, 자신의 창조물을 통해 세상과 소통하는 깊은 만족감을 느꼈습니다. 흙을 만지는 순간의 평화, 완성된 작품을 꺼내는 순간의 설렘, 그리고 누군가가 자신의 작품을 소중히 여길 때의 기쁨은 어떤 승진이나 보너스보다 값진 것이었습니다.

시간이 흐르면서 민수의 작품은 전통 기법과 현대적 감성을 결합한 독특한 스타일로 점점 더 많은 인정을 받았습니다. 그의 작품에는 디지털 패턴을 응용한 전통 도자기, IT 기술에서 영감을 받은 독특한 질감 등 두 세계를 연결하는 특별함이 있었습니다.

몇몇 유명 인테리어 디자이너가 그의 작품을 발견했고, 그의 도자기는 고급 레스토랑과 호텔에서도 사용되기 시작했습니다. 한 유명 잡지에 그의 이야기가 실리기도 했습니다: "코딩에서 도예로: 디지털 시대의 아날로그 예술가"

더 중요한 것은, 민수가 자신의 삶에 진정한 주인이 되었다는 것입니다. 그는 이제 더 이상 다른 사람들의 기대나 사회적 기준에 따라 살지 않았습니다. 그는 자신만의 별을 따라가고 있었고, 그 여정에서 깊은 만족과 의미를 찾았습니다.

몇 년 후, 한 인터뷰에서 그는 이렇게 말했습니다.

"니체의 말처럼, 저는 제 자신의 별을 찾았습니다. 그것은 항상 쉬운 여정은 아니었지만, 매 순간이 진실되고 의미 있었습니다. 그리고 놀랍게도, 제가 제 자신의 길을 걸을 때, 같은 별을 바라보는 사람들이 제 주변에 모이기 시작했습니다."

이제 민수는 젊은 예술가들을 위한 멘토링 프로그램도 운영하고 있습니다. 그는 자신의 경험을 나누며, 다른 이들도 자신만의 별을 찾고 그 별을 따라갈 용기를 갖도록 격려합니다. 그의 스튜디오 벽에는 니체의 글이 걸려 있습니다.

"자신의 길을 가는 사람은 아무에게도 모범을 보이지 않는다.
모범이란 길이 아니기 때문이다.
길은 각자의 것이다."

자신만의 별을 따라가는 삶은 결코 쉽지 않습니다. 그것은 종종 기존 가치관의 해체와 재창조를 요구합니다. 하지만 이 여정에서 우리는 중요한 질문을 마주하게 됩니다. '이 삶이 영원히 반복된다 해도 괜찮을까?'

민수는 이제 그 질문에 자신 있게 "예"라고 대답할 수 있습니다.

✦ 초인을 향한 발걸음

1. **가치 성찰하기**: 당신이 진정으로 가치 있게 생각하는 것이 무엇인지 깊이 생각해 보세요. "이것은 정말 내가 중요하게 생각하는 것인가, 아니면 단지 사회나 다른 사람들이 중요하다고 말하는 것인가?"라고 자문해 보세요. 남들이 중요하다고 말하는 것이 아닌, 당신에게 진정으로 의미 있는 것이 무엇인지 탐색하세요.

2. **내면의 나침반 따르기**: 결정을 내릴 때 '신체 신호'에 주목해 보세요. 예를 들어, 전공을 선택할 때 한 과목에 대한 이야기를 들으면 가슴이 뛰고 눈이 반짝인다면, 다른 과목은 어깨가 무거워진다면 - 그게 당신의 내면의 나침반입니다. 오늘부터 작은 결정(점심 메뉴, 주말 활동)에도 이 신체 신호를 의식적으로 관찰해 보세요.

3. **개인적 성공 기준 세우기**: 돈, 지위, 인정 같은 외부적 성공 지표 대신, 자신만의 성공 기준을 세우고, 그것에 맞춰 삶을 평가하세요. 진정성, 창의성, 열정, 성장, 관계의 질, 기여도 등 당신에게 의미 있는 기준으로 자신을 판단하세요.

4. **열정 시간 투자하기**: 매일 조금씩이라도 자신의 진정한 열정을 위한 시간을 투자하세요. 작은 일상적 습관이 시간이 지나면서

큰 변화를 만듭니다. 주중 15분이라도, 주말 몇 시간이라도 당신이 진정으로 좋아하고 의미를 찾는 활동에 시간을 할애하세요.

5. 비교 멈추기: 소셜 미디어와 같은 비교의 함정에서 벗어나세요. 필요하다면 디지털 디톡스 시간을 가지거나, 당신을 계속 비교하게 만드는 계정의 팔로우를 끊으세요. 다른 사람의 여정이 아닌, 당신만의 여정에 집중하세요.

6. 용기 내기: 때로는 다른 사람들의 기대에 맞서 자신의 길을 가는 용기가 필요합니다. 작은 결정부터 시작해 점차 더 큰 용기를 내보세요. 예를 들어, 모임에서 나다움을 표현하거나, 진정으로 원하는 취미를 시작하거나, 궁극적으로는 더 큰 삶의 방향 전환을 결정하는 것까지.

7. 다양성 경험하기: 새로운 경험, 문화, 관점에 자신을 노출시키세요. 이것은 당신의 시야를 넓히고, 무리 본능에서 벗어나 독립적인 사고를 기르는 데 도움이 됩니다. 새로운 장소를 방문하고, 다양한 배경의 사람들을 만나고, 익숙하지 않은 책이나 예술을 접해보세요.

8. 자신만의 리듬 찾기: 사회는 하루의 리듬, 일주일의 구조, 심지어 인생의 타임라인까지 정해진 패턴을 제시합니다. 하지만 모

든 사람에게 같은 리듬이 맞는 것은 아닙니다. 자신의 에너지 흐름, 창의성, 생산성이 가장 높은 때를 찾고, 가능한 한 그에 맞게 삶을 구성해보세요.

"자신의 길을 가는 사람은 아무에게도
모범을 보이지 않는다.
모범이란 길이 아니기 때문이다.
길은 각자의 것이다."

『즐거운 학문』

4장

반복해도 좋은 삶을 산다
"영원히 반복되는 삶을 견딜 수 있는가?"

──── 깊은 밤, 혼자 조용히 앉아 지금까지 살아온 삶을 천천히 돌아본다고 한번 상상해보세요. 그러다 문득 이런 생각이 떠올랐다고 해봅시다. "만약 내 인생이 영화 <사랑의 블랙홀(그라운드 호그 데이)>처럼 끝없이 반복된다면 어떨까? 지금까지 경험한 모든 순간들—행복했던 순간, 슬펐던 순간, 그리고 내가 했던 모든 선택들이 전부 그대로 반복되어 다시 살아야 한다면 어떤 기분일까?"

사실 이 생각은 철학자 니체가 『즐거운 학문』에서 말한 '영원히 반복되는 삶(Eternal Recurrence)'이라는 유명한 개념과 같습니다. 니체는 이렇게 묻습니다.

"지금 당신이 살고 있는 이 삶, 그대로 한 번 더,
아니 수없이 많은 횟수로 다시 살아야 한다면 어떻겠는가?
이 질문이 정말로 당신의 마음을 사로잡는다면,
그것은 당신의 삶을 완전히 변화시킬 것이다."

니체의 이 질문은 단순한 상상이나 특별한 철학이 아닙니다.

이것은 우리 삶의 모든 순간, 그리고 우리가 내리는 모든 선택이 얼마나 중요한지 깨닫게 해주는 강력한 거울입니다.

생각해보세요. 당신이 오늘 한 모든 선택, 했던 모든 말과 행동을 영원히 반복해서 살아야 한다면, 오늘을 어떻게 다르게 살았을까요? 아마도 사소한 일에 화내거나 시간을 낭비하는 일은 줄었을 것입니다. 아마도 사랑하는 사람들에게 더 많은 애정을 표현했을 것입니다. 아마도 오늘의 순간들을 더 의식적으로, 더 충만하게 경험했을 것입니다.

이 강력한 사고실험은 삶의 모든 순간에 무게를 더해줍니다. 일상의 작은 선택들—아침에 무엇을 먹을지, 누구에게 친절을 베풀지, 시간을 어떻게 쓸지—이 모두 중요해집니다. "이것이 영원히 반복되어도 괜찮을까?"라는 렌즈를 통해 본다면, 어떤 행동은 갑자기 참을 수 없이 무거워지고, 어떤 행동은 놀랍도록 가치 있게 느껴집니다.

니체의 '영원 회귀' 개념은 우리가 후회 없이, 충만한 마음으로 살아갈 수 있는 삶의 방식을 찾도록 도전합니다. 그것은 자신에게 정직하고, 자신의 가치에 따라 살며, 현재 순간을 소중히 여기는 삶을 의미합니다.

당신의 삶이 무한히 반복된다면, 지금 이 순간 무엇을 다르게 하시겠습니까?

영원히 반복되는 삶의 시험

'영원히 반복되는 삶'이라는 생각은 우리가 매일 하는 모든 선택에 놀라운 의미와 무게를 더해줍니다. 니체는 이것을 '인생의 궁극적 테스트'로 활용해보라고 제안합니다. 중요한 결정을 앞두고 있을 때, 또는 일상의 작은 선택들 앞에서 자신에게 이런 질문을 던져보세요.

"지금 내가 하려는 이 선택이
영원히 반복된다고 해도 괜찮을까?"

이 간단한 질문이 우리 삶을 완전히 바꿀 수 있습니다. 예를 들어, 화가 날 때 누군가에게 상처 주는 말을 하려다가, "이 말이 영원히 반복된다면?" 하고 생각하면 잠시 멈출 수 있습니다. 중요한 일을 미루려 할 때, "이 게으름이 영원히 반복된다면?" 하고 자문하면 행동이 달라질 수 있죠. 사랑하는 사람과의 시간을 대충 보내려 할 때, "이 무심함이 영원히 반복된다면?" 하는 생각은 우리를 더 현재에 집중하게 만듭니다.

이 질문의 힘은 우리가 무심코 지나치는 일상의 '사소한' 순간들을 다시 바라보게 만든다는 점입니다. 아침에 무엇을 먹을지, 출퇴근길에 누구에게 미소 지을지, 어떤 생각으로 하루를 보낼지 같은 작은 결정들도 갑자기 중요해집니다. 이런 자세는 우리가 삶을 더 의식적으로 살아가도록 도와줍니다. 후회와 변명으로 가득 찬 삶이 아니라, 기꺼이 다시 살아도 좋을 만큼 충실하고 진실된 삶을 살게 해주는 것이죠.

결국 니체가 우리에게 권하는 것은 간단합니다. "당신의 매 순간을 영원히 반복해도 기쁘게 받아들일 수 있을 만큼 의미 있고, 진실되게 살아가라."

디오니소스적 긍정

니체에게 있어 영원히 반복되는 삶은 단순한 사고 실험이 아니라, 삶을 깊이 긍정하는 태도를 발전시키는 방법이었습니다. 그는 이를 '디오니소스적 긍정'이라고 불렀는데, 이는 삶의 모든 측면을 - 기쁨뿐만 아니라 고통까지도, 성공뿐만 아니라 실패까지도 - 온전히 받아들이고 긍정하는 태도입니다. 『차라투스트라는 이렇게 말했다』에서 니체는 이렇게 말합니다.

"그렇다, 나는 내 삶의 모든 순간에, 내가 만난
모든 사람에게 다시 한번 '예'라고 말하고 싶다.
이것이야말로 삶에 대한 영원한 긍정과 확신의
도장을 찍는 것이다."

이 태도는 정말 놀랍습니다. 그것은 단순히 삶의 좋은 부분만 받아들이는 것이 아닙니다. 오히려 인생의 모든 측면 - 아름다운 순간들과 고통스러운 순간들, 성공과 실패, 기쁨과 슬픔 모두 - 을 완전히 포용하고 긍정하는 것입니다.

이런 태도는 우리가 보통 회피하고 싶어하는 인생의 어두운 측면들―상처, 실패, 상실, 고통―까지도 "그래, 이것 또한 내 삶의 필수적인 부분이야. 이것 없이는 내가 지금의 나일 수 없었어"라고 말할 수 있는 깊은 성숙함을 의미합니다.

이것은 위대한 교향곡과 같습니다. 베토벤의 5번 교향곡이 고요한 부분과 격정적인 부분 모두를 필요로 하듯, 충만한 삶도 기쁨과 고통, 성공과 실패, 사랑과 상실 모두를 필요로 합니다. 이 모든 경험이 함께 어우러져 우리 삶이라는 독특한 음악을 만들어냅니다.

니체의 이런 태도는 우리에게 깊은 자유와 힘을 줍니다. 삶의 모든 측면을 긍정할 수 있을 때, 우리는 더 이상 고통을 두려워하지 않게 되고, 실패에 마비되지 않으며, 불확실성에 압도되지 않습니다. 대신 우리는 모든 경험을 통해 성장하고, 모든 순간을 온전히 살 수 있게 됩니다.

현재 순간의 충만함

삶이 영원히 반복된다는 상상은 우리를 현재 순간에 더 깊이 머물게 합니다. 과거에 대한 후회나 미래에 대한 불안에 사로잡히는 대신, 우리는 지금 이 순간을 영원히 살아도 괜찮을 만큼 충만하게 만들려고 노력합니다. 니체는 『즐거운 학문』에서 이렇게 말합니다.

"<u>살아라, 마치 네가 다시 살고 싶은 것처럼.
그리고 영원히 다시 살고 싶은 것처럼!</u>"

이것은 우리의 삶에 깊은 현존감과 의미를 부여합니다. 매 순간이 영원히 반복될 수 있다는 생각은 우리가 현재에 더 집중하고, 더 온전히 참여하도록 합니다. 우리는 순간을 그저 흘려보내는 것이 아니라, 그것을 충만하게 경험하려고 노력합니다.

영원히 반복되는 삶의 관점에서 본다면, 중요한 것은 얼마나 오래 살았느냐가 아니라, 그 삶이 얼마나 충만했느냐입니다. 그것은 겉으로 보이는 성공이나 성취가 아니라, 우리 선택의 질과 깊이에 관한 것입니다. 니체는 『차라투스트라는 이렇게 말했다』에서 이렇게 말합니다.

"진정한 기쁨은 단 한 번의 순간일지라도
영원히 반복되기를 갈망한다.
그것도 깊고 진한 영원을!"

이것은 삶의 매 순간에 깊이와 의미를 부여하는 태도입니다. 표면적인 즐거움이나 일시적인 만족을 넘어, 우리는 진정으로 충만하고 의미 있는 경험을 추구합니다. 이런 경험은 영원히 반복되어도 여전히 가치 있고 아름다울 것입니다.

영원히 반복되는 삶은 또한 우리가 후회 없는 선택을 하도록 돕습니다. 결정을 앞두고, "만약 이 선택이 영원히 반복된다면 어떨까?"라고 자문해 보세요. 이 질문은 우리가 단기적인 이익이나 편의보다 진정한 가치와 의미에 기반한 결정을 내리도록 도와줍니다.

이런 관점에서 보면, 진정한 삶의 성공은 외부의 기준이 아닌 내적 기준으로 측정됩니다. 그것은 우리가 자신에게 정직했는지, 자신의 가치에 따라 살았는지, 그리고 우리의 독특한 가능성을 실현했는지에 달려 있습니다.

존재의 거울: 서진의 이야기

서진은 퇴직을 앞둔 교사였습니다. 30년의 교직 생활을 돌아보며, 그녀는 자신의 선택과 행동들을 깊이 성찰했습니다. 그녀의 여정은 결코 쉽지 않았습니다. 처음 교직에 발을 들였을 때, 그녀는 거의 포기할 뻔했습니다. 통제하기 어려운 학생들, 과도한 행정 업무, 낮은 급여, 사회적 인정의 부족 - 모든 것이 그녀를 지치게 했습니다.

그러던 어느 가을날 오후, 창가에 앉아 지나온 교직 생활을 되돌아보던 서진은 문득 대학 시절 철학 수업에서 접했던 니체의 '영원회귀' 개념을 떠올렸습니다. 당시에는 그저 흥미로운 사고실험 정도로만 여겼던 이 개념이, 이제 삶의 황혼기에 접어든 그녀에게 갑자기 강렬한 의미로 다가왔습니다.

'만약 내 삶이, 이 30년의 교직 생활이 영원히 반복된다면... 나는 다시 이 길을 선택할 수 있을까?' 이 질문은 그녀의 마음 깊은 곳을 흔들었습니다. 그동안 주로 의무감과 책임감으로 버텨온 그녀의 교직 생활은 과연 '영원히 반복해도 좋을 만큼' 의미 있었던 것일까요?

지금까지 그녀는 교직을 일종의 희생이나 의무로 여겼습니다.

하지만 영원히 반복되는 삶의 렌즈를 통해 볼 때, 그녀는 자신의 직업에 새로운 의미를 발견했습니다. 그것은 단순한 직업이 아니라, 학생들의 삶에 영향을 미칠 수 있는 소명이었습니다. 매일 교실에 들어설 때마다, 그녀는 자신에게 물었습니다.

"이 순간이 영원히 반복되어도 괜찮은가? 내가 최선을 다하고 있는가?"

이 깊은 질문을 안고 서진은 남은 학기를 대하는 태도를 근본적으로 바꾸기로 결심했습니다. 더 이상 '퇴직까지 버티는' 교사가 아니라, '매 순간 영원히 반복해도 좋을' 교사가 되기로 한 것입니다. 그녀는 다음 날부터 교실에 들어설 때마다 스스로에게 물었습니다: '이 수업이 내 인생에서 영원히 반복된다 해도 괜찮은가? 나는 지금 최선을 다하고 있는가?'

이런 근본적인 태도 변화는 서진의 교실에 눈에 띄는 변화를 가져왔습니다. 그녀는 더 이상 표준화된 커리큘럼이나 시험 점수에만 집중하지 않았습니다. 대신, 각 학생의 고유한 목소리와 잠재력에 깊은 관심을 기울이기 시작했습니다. 수업은 더 활기차고 대화적이 되었으며, 문학 작품은 단순한 분석 대상이 아닌 삶의 깊은 통찰을 나누는 매개체가 되었습니다.

좌절감을 느끼는 순간에도, 그녀는 자신에게 물었습니다. "이 순간이 영원히 반복된다 해도, 나는 최선을 다할 수 있을까?" 이러한 태도는 그녀의 교육 방식을 변화시켰고, 학생들과의 관계도 더 깊고 의미 있게 만들었습니다.

한 예로, 서진은 반에서 가장 문제가 많다고 여겨지던 학생 민호와의 관계를 새롭게 바라보기 시작했습니다. 다른 교사들은 민호를 "희망이 없는 아이"로 여겼지만, 서진은 그를 새로운 눈으로 보려고 노력했습니다. 그녀는 민호가 창의적인 글쓰기에 재능이 있다는 것을 발견했고, 그의 이런 재능을 격려했습니다. 그 결과, 민호는 점차 교실에서의 행동을 개선했고, 나중에는 문예창작과에 진학하게 되었습니다.

비록 모든 순간이 완벽하지는 않았지만, 퇴직을 앞둔 지금, 서진은 자신이 학생들의 삶에 진정한 영향을 미쳤다는 것을 알았습니다. 그녀가 퇴직식에서 받은 수백 통의 감사 편지는 그녀의 삶이 의미 있었음을 증명했습니다. 졸업생들은 그녀가 어떻게 그들의 삶을 변화시켰는지, 어떻게 그들에게 자신만의 별을 따를 용기를 주었는지 이야기했습니다.

서진은 생각했습니다. "만약 내 인생을 다시 살아야 한다면, 나는 다시 교사가 되었을 것이다. 모든 어려움과 도전, 그리고 모든 기쁨과 보람을 다시 경험하겠다." 이 깨달음은 그녀에게 깊은 평화와 만족감을 주었습니다.

퇴직 후, 서진은 자서전적 에세이를 쓰기 시작했습니다. 그녀는 자신의 경험과 깨달음을 나누고 싶었습니다. 그녀의 에세이 맨 처음 페이지에는 니체의 말이 적혀 있었습니다.

"너의 행동의 척도로 영원히 반복되는 삶의 사상을 사용하라: '내가 지금 하는, 또는 하려는 이 일을 무한히 반복해도 괜찮은가?'"

서진의 에세이는 많은 교사들과 학생들에게 영감을 주었고, 그녀는 이제 교육 컨설턴트로 일하며 학교들이 더 의미 있고 학생 중심적인 교육 방식을 개발하도록 돕고 있습니다. 그녀는 종종 이렇게 말합니다.

"우리 각자는 자신의 삶이 영원히 반복되어도 좋을 만큼 의미 있게 만들 책임이 있습니다. 교육의 진정한 목적은 학생들이 그런 삶을 살도록 돕는 것입니다."

영원히 반복해도 좋을 삶을 사는 것은 결국 다른 이들의 기대나 사회적 압력이 아닌, 자신의 내면에서 우러나오는 진정성에 따라 살아가는 것을 의미합니다. 이런 삶에서는 타인을 향한 우리의 태도도 변화합니다. 그렇다면 '약한 동정'이 아닌, 진정한 공감은 어떤 모습일까요?

✦ 초인을 향한 발걸음

1. **일일 성찰:** 매일 저녁, 그날의 선택과 행동을 돌아보고 "이 날을 다시 살아도 괜찮은가?"라고 자문해 보세요. 만족스러운 부분과 개선하고 싶은 부분을 정직하게 평가하세요. 이렇게 하면 더 의식적이고 의미 있는 선택을 하는 습관이 형성됩니다.

2. **결정 테스트:** 중요한 결정을 앞두고 "이것이 영원히 반복된다면 어떨까?"라고 생각해 보세요. 이 질문은 단기적인 이익이나 편의보다 장기적인 가치와 의미에 기반한 선택을 하도록 도와줍니다. 특히 큰 인생의 결정(직업, 관계, 거주지 등)에서 이 테스트를 활용해 보세요.

3. **후회 최소화:** 후회를 최소화하는 방향으로 선택하되, 실수를 두려워하지 마세요. 완벽함이 아닌 진정성과 성장에 초점을 맞추세요. 실수는 피할 수 없지만, 그것에서 배우고 다음에는 다르게 선택할 수 있습니다. 중요한 것은 계속해서 더 좋은 선택을 하려고 노력하는 태도입니다.

4. **지금-순간-감사:** 작은 순간들, 일상의 기쁨을 소중히 여기는 습관을 기르세요. 아침 커피 한 잔, 좋아하는 음악, 친구와의 대화 - 이런 순간들에 온전히 현존하고 감사하세요. 영원히 반복되어도

좋을 만한 순간들에 감사하는 마음을 가지세요.

5. **인생의 모든 면을 포용:** 삶의 고통스러운 측면과 기쁜 측면 모두를 포용하는 태도를 기르세요. 모든 경험이 당신을 형성하는 데 기여합니다. 어려운 시기조차도 받아들이고, 그것이 가져오는 성장과 지혜를 인식하세요. 니체의 '운명을 사랑하기(amor fati)' 개념처럼, 당신의 전체 이야기를 사랑하는 법을 배우세요.

6. **의식적 선택:** 무의식적 습관이나 사회적 기대에 따라 행동하는 대신, 의식적으로 선택하는 연습을 하세요. "나는 왜 이것을 하고 있는가?", "이것은 정말 내가 원하는 것인가?"라고 자주 자문해 보세요. 당신의 행동이 외부의 압력이 아닌, 내면의 가치와 일치하도록 노력하세요.

7. **삶을 디자인하기:** 당신의 삶을 적극적으로 디자인하세요. 무의식적으로 흘러가는 대로 살지 말고, 의도적으로 당신이 원하는 삶을 창조하세요. 어떤 관계를 맺고 싶은지, 어떤 경험을 하고 싶은지, 어떤 가치를 실현하고 싶은지 생각해 보세요. 그리고 그런 삶을 향해 작은 단계부터 시작하세요.

8. **유산 생각하기:** "내가 떠난 후 사람들이 나를 어떻게 기억하길 원하는가?"라고 생각해 보세요. 이것은 당신의 행동과 선택에

장기적인 관점을 제공합니다. 당신이 남기고 싶은 영향, 당신이 구현하고 싶은 가치를 생각하며 오늘의 선택을 하세요.

"너의 행동의 척도로 영원히 반복되는 삶의 사상을 사용하라: '내가 지금 하는, 또는 하려는 이 일을 무한히 반복해도 괜찮은가?'"

『즐거운 학문』

5장

약한 동정을 경계한다
"동정은 힘없는 자의 사랑이다."

"불쌍한 사람…" "정말 안됐네…" "어쩌다 그런 일이…" 이런 말을 들었을 때 어떤 느낌이 드나요? 처음에는 누군가 내 상황을 이해해준다는 생각에 위안이 될 수도 있습니다. 하지만 만약 누군가가 계속해서 당신을 '불쌍한 사람'으로만 바라본다면? 시간이 지날수록 그런 시선이 불편하고 심지어 모욕적으로 느껴지지 않나요?

니체는 바로 이런 종류의 '동정'이 실은 상대방을 약자의 위치에 고정시키고, 그 사람의 존엄성을 해칠 수 있다고 경고했습니다. 상대를 불쌍히 여기는 마음은 겉으로는 친절해 보이지만, 그 밑바탕에는 "나는 당신보다 우월한 위치에 있다"라는 숨겨진 메시지가 담겨 있다는 것이죠.

니체의 철학에서 동정은 단순하지 않은 주제입니다. 그는 감상적이고 약화시키는 동정은 비판했지만, 상대의 힘과 가능성을 인정하는 진정한 공감과 이해의 중요성은 인정했습니다. 그의 비판은 주로 상대를 약자로 고정시키는 '약한 동정'에 초점을 맞추고 있습니다.

약한 동정의 문제점

니체는 『안티크리스트』에서 이런 말을 남겼습니다.

"불쌍히 여기는 약한 동정은
실은 삶의 힘을 부정하는 것이다."

처음 들으면 꽤 차갑게 느껴질 수 있지만, 니체가 비판한 건 특별한 종류의 동정이에요. 그것은 상대방을 '불쌍한 사람', '희생자'로만 보고, 그 꼬리표를 영원히 떼지 못하게 만드는 동정이죠.

이런 동정에는 여러 문제가 있어요. 첫째, 그것은 대부분 실제 도움으로 이어지지 않아요. "정말 안됐다"는 말이 실제로 그 사람의 상황을 나아지게 할까요? 오히려 동정을 베푸는 사람은 "난 참 착한 사람이야"라는 우쭐함을 느끼고, 동정을 받는 사람은 "난 정말 불쌍한 사람이구나"라는 열등감을 갖게 될 수 있어요.

둘째, 약한 동정은 상대방의 자율성과 능력을 저하시킵니다. 니체는 『선과 악을 넘어서』에서 "단순한 동정심은 받는 사람의 영혼을 점점 약하게 만든다."고 주장했습니다. 상대방을 지속적으로 도움이 필요한 약자로 대할 때, 그 사람은 점점 자신의 능력을 의심하고 의존적이 될 수 있습니다.

셋째, 약한 동정은 종종 표면적인 공감에 그칩니다. 그것은 상대방의 상황을 진정으로 이해하려는 노력 없이, 단지 감정적인 반응만을 보이는 경우가 많습니다. 이런 표면적인 동정은 실제로는 상대방을 더 고립시키고, 그의 고통을 더 깊게 만들 수 있습니다.

진정한 공감의 힘

그렇다고 니체가 모든 종류의 공감과 연민을 거부한 것은 아닙니다. 그는 '약한 동정'과 '강한 동정'을 명확히 구분했습니다. 강한 동정은 상대방의 존엄성과 잠재력을 깊이 인정하고, 그가 스스로 일어설 수 있도록 돕는 적극적인 태도입니다.

『차라투스트라는 이렇게 말했다』에서 니체는 전통적인 "네 이웃을 네 자신처럼 사랑하라"는 가르침을 새롭게 해석했습니다. 그는 "너의 친구들이 더 강해지도록 사랑하라"고 말했습니다. 이것은 진정한 사랑과 공감이란 상대를 '불쌍한 사람'으로 고정시키는 것이 아니라, 그 사람의 내재된 힘과 가능성을 믿고 존중하는 것임을 의미합니다.

니체가 말하는 '강한 동정'은 네 가지 특징을 가집니다:

1. **존중하는 마음:** 약한 동정이 "너는 불쌍한 사람이구나"라는 메시지를 전한다면, 강한 동정은 "너는 지금 어려움을 겪고 있지만, 나는 네 존엄성과 가치를 온전히 인정해"라고 말합니다. 상대를 '희생자'로 규정하지 않고, 어려움을 겪고는 있지만 그것을 극복할 수 있는 능력을 가진 온전한 사람으로 바라봅니다.

2. **자립심 키우기:** 약한 동정이 "걱정 마, 내가 다 해줄게"라고 한다면, 강한 동정은 "네가 이것을 해낼 수 있다고 믿어. 필요하다면 내가 곁에서 돕겠어"라고 말합니다. 상대방을 대신해 모든 문

제를 해결해주려 하기보다, 그 사람이 스스로 문제를 해결할 수 있는 힘을 기르도록 돕는 것입니다. 흔히 말하는 "물고기를 주는 것이 아니라, 물고기 잡는 법을 가르치는" 접근법이죠.

3. **깊이 이해하기**: 약한 동정이 "아, 정말 안됐네..."라는 표면적인 반응이라면, 강한 동정은 상대방의 상황과 감정을 진정으로 이해하려는 깊은 노력입니다. 이것은 단순한 감정적 반응을 넘어, 진심 어린 관심과 경청, 그리고 상대방의 관점에서 세상을 보려는 시도를 포함합니다.

4. **실질적으로 돕기**: 약한 동정이 "정말 힘들겠다"라는 말로 끝난다면, 강한 동정은 구체적인 행동으로 이어집니다. 공감이 단순한 감정 표현에 그치지 않고 실질적인 변화와 도움으로 연결될 때, 그것은 진정한 가치를 갖게 됩니다.

니체의 관점에서 보면, 진정한 공감은 상대방을 약하게 만드는 것이 아니라, 오히려 더 강하게 만드는 힘을 가지고 있습니다. 그것은 상대방의 고통을 인정하면서도, 동시에 그 사람의 내적 힘과 회복력을 믿는 균형 잡힌 태도입니다.

진정한 도움의 예술

니체의 관점에서, 진정한 도움은 일종의 예술입니다. 그것은 상대방의 독특한 상황, 능력, 필요를 이해하고, 적절한 방식으로 응답하는 것을 의미합니다. 때로는 직접적인 도움이 필요할 수 있고, 때로는 단순히 경청하고 이해하는 것이 최선일 수 있습니다.

때로는 도전과 자극이 가장 큰 도움이 될 수도 있습니다. 『인간적인, 너무나 인간적인』에서 니체는 이렇게 말합니다.

> "다른 사람을 돕는 방법은 백 가지가 넘는다.
> 하지만 그중 아흔아홉은 실제로는 그 사람을 해치는
> 방법이기도 하다."

이것은 우리가 타인을 돕는 방식에 대해 신중하고 사려 깊어야 함을 시사합니다. 진정한 도움은 상대방의 자유와 성장에 기여합니다. 그것은 의존성을 만들지 않고, 오히려 독립성과 자율성을 강화합니다. 무엇보다, 그것은 상대방을 존중하고, 그의 존엄성을 훼손하지 않는 방식으로 이루어집니다.

이러한 접근 방식은 관계에서 진정한 평등과 상호 존중을 가능하게 합니다. 우리가 타인을 돕고자 할 때, 우리는 그들의 존엄성과 자율성을 존중하면서 그들의 내적 힘을 키우는 방향으로 도와야 합니다.

존재의 거울: 유진의 이야기

유진은 남편 현우가 사업에 실패했을 때, 그를 어떻게 대해야 할지 고민했습니다. 현우의 사업은 5년간 성공적으로 운영되었지만, 경제 위기와 잘못된 투자 결정으로 파산에 이르렀습니다. 현우는 깊은 우울감에 빠졌고, 자신감을 완전히 잃은 것처럼 보였습니다.

처음에 유진은 본능적으로 현우를 불쌍히 여기고, 모든 것을 대신해주려 했습니다. 그녀는 그의 모든 책임을 떠맡았고, 그를 마치 아픈 아이를 돌보듯 대했습니다. "괜찮아, 이제 아무것도 하지 않아도 돼. 내가 다 할게," 그녀는 자주 이렇게 말했습니다. 그녀는 그의 기분을 상하게 하지 않기 위해 실패에 대해 이야기하는 것을 피했고, 그가 다시 일어설 수 있다는 말 대신 "괜찮아, 쉬어도 돼"라는 말만 반복했습니다.

하지만 그럴수록 현우는 더 무기력해졌고, 두 사람의 관계는 악화되었습니다. 현우는 자신이 "실패자"라는 정체성을 내면화하기 시작했고, 새로운 시도를 할 의욕을 완전히 잃었습니다. 그는 점점 더 많은 시간을 침대에서 보냈고, 유진의 모든 격려에도 무반응했습니다.

몇 달이 지나고, 유진은 자신의 접근 방식이 실제로 현우를 돕지 못하고 있다는 것을 깨닫기 시작했습니다. 그녀는 한 상담사를 찾아갔고, 그곳에서 니체의 "약한 동정" 개념에 대해 알게 되었습니다. 상담사는 동정이 때로는 상대방의 힘을 약화시키고, 자율성을 손상시킬 수 있다고 설명했습니다. 유진은 자신의 보호하려는 마음이 실제로는 현우를 더 무력하게 만들고 있었다는 것을 깨달았습니다.

"당신은 남편을 약자로 대하고 있어요. 그리고 그것이 그를 실제로 약하게 만들고 있죠." 상담사가 말했습니다. "그에게 필요한 것은 당신의 동정이 아니라, 존중과 믿음입니다." 이 깨달음을 바탕으로 유진은 접근 방식을 바꾸었습니다. 그녀는 현우를 약자로 대하는 대신, 그의 능력과 회복력을 믿는다는 것을 보여주기 시작했습니다. 그녀는 더 이상 모든 것을 대신 해주지 않았고, 대신 현우와 집안일 책임을 나누어 맡았습니다.

"나는 네가 이 상황을 극복할 수 있다고 믿어." 그녀는 진심으로 말했습니다. "네가 약하거나 무능하다고 생각하지 않아. 단지 어려운 시기를 겪고 있을 뿐이야. 우리 함께 이겨낼 수 있어."

처음에 현우는 이러한 변화에 저항했습니다. 그는 안전한 "환자" 역할에 익숙해져 있었고, 다시 책임을 지는 것이 두려웠습니다. 하지만 유진이 계속해서 그의 능력을 믿고 그를 존중한다는 것을 보여주자, 점차 그는 그녀의 믿음에 응답하기 시작했습니다.

한 달 후, 현우는 작은 프리랜서 프로젝트를 맡기 시작했습니다. 처음에는 단순한 일이었지만, 그것은 그에게 성취감과 목적을 주었습니다. 유진은 그의 작은 성공을 진심으로 축하했고, 더 큰 도전을 할 수 있도록 격려했습니다.

시간이 지나면서, 현우는 완전히 다른 사람이 되었습니다. 그는 실패의 경험을 통해 더 현명하고 겸손해졌지만, 동시에 더 강하고 자신감 있게 변했습니다. 그는 새로운 사업 아이디어를 발전시켰고, 이번에는 더 신중하고 전략적인 접근 방식을 취했습니다.

두 사람의 관계도 이전보다 더 강해졌습니다. 그들은 이제 서로를 약자와 강자, 보호자와 피보호자의 관계가 아닌, 동등한 파트너로서 존중했습니다. 그들은 어려움을 함께 극복했고, 그 과정에서 서로에 대한 더 깊은 신뢰와 존중을 발전시켰습니다.

몇 년 후, 유진은 친구에게 이렇게 말했습니다.

"내가 계속 현우를 불쌍히 여기고 모든 것을 대신해주었다면, 우리는 지금 여기에 없었을 거예요. 때로는 누군가를 정말로 돕는 것이 그들을 위해 모든 것을 해주는 것이 아니라, 그들이 스스로 일어설 수 있도록 믿어주는 것임을 배웠어요. 진정한 사랑은 상대를 약하게 만드는 동정이 아니라, 그를 강하게 만드는 믿음과 존중입니다."

✦ 초인을 향한 발걸음

1. **자율성 존중하기**: 도움을 줄 때, 상대방의 자율성과 존엄성을 존중하세요. 그들을 위해 결정을 내리기보다는, 그들이 스스로 결정할 수 있도록 지원하세요. "내가 이렇게 하는 게 좋을 것 같아" 보다는 "너는 어떻게 하고 싶어?"라고 물어보세요.

2. **경청과 공감 중시하기**: 문제 해결보다 경청과 공감에 더 중점을 두세요. 때로는 해결책보다 진정한 이해가 더 중요합니다. 상대방의 말을 중간에 끊지 말고 끝까지 들어주고, 그들의 관점을 이해하려고 노력하세요.

3. **강점에 주목하기**: 상대방의 강점과 가능성에 주목하고, 그것을 상기시켜 주세요. 약점보다는 잠재력에 초점을 맞추세요. "너는 이전에도 이런 어려움을 극복했잖아. 네가 가진 인내심과 창의력으로 이번에도 해낼 수 있을 거야."

4. **힘을 주는 메시지 전하기**: "내가 당신 대신 해줄게"보다 "당신이 할 수 있다고 믿어"라는 메시지를 전하세요. 의존성보다는 자신감을 키워주세요. 상대방이 스스로 문제를 해결할 수 있도록 격려하고 필요한 자원과 지원을 제공하세요.

5. 존중하는 언어 사용하기: 상대방을 희생자나 약자로 규정하는 언어를 피하고, 그들의 능력과 가치를 인정하는 언어를 사용하세요. "불쌍한 사람"이라는 프레임보다는 "어려움을 겪고 있지만 그것을 극복할 수 있는 사람"이라는 프레임을 사용하세요.

6. 균형 잡힌 관계 유지하기: 도움을 주는 관계에서도 상호성과 균형을 유지하세요. 모든 관계는 주고받음이 있어야 건강합니다. 상대방도 당신에게 뭔가를 줄 수 있는 기회를 만들어주세요. 이것은 그들의 자존감과 관계의 평등함을 유지하는 데 중요합니다.

7. 실질적 도움 제공하기: 감정적인 위로와 함께, 실질적인 도움도 제공하세요. 하지만 이것이 상대방의 자율성을 침해하지 않도록 주의하세요. "이걸 내가 해줄게"가 아니라 "이런 방법으로 도울 수 있을 것 같은데, 어떻게 생각해?"라고 접근하세요.

8. 성장 기회 인식하기: 어려움을 단순히 극복해야 할 문제가 아니라, 성장과 학습의 기회로 보세요. 상대방이 이 관점을 발견할 수 있도록 도와주세요. "이 경험이 어떻게 너를 더 강하고 현명하게 만들 수 있을까?"라고 함께 생각해보세요.

"동정은 타인의 고통에 대한 민감성이지만,
그것이 타인을 돕는 행동으로 이어지지 않는다면
약점에 불과하다."

『선과 악을 넘어서』

6장

무리 속에서 길을 잃지 않는다
"군중 속에서 너는 길을 잃는다."

─────── 혼자 있을 때와 여럿이 있을 때 완전히 다른 사람이 된 적 있나요? 친구들과 있을 땐 웃고 떠들다가도, 직장에선 차분하고 진지해지고, 가족 앞에선 또 다른 모습을 보이진 않나요? 가끔 거울을 보며 "잠깐, 진짜 나는 누구지?"라는 질문이 떠오르진 않나요?

현대 사회에서 우리는 끊임없이 소속감과 인정을 갈망합니다. 소셜 미디어의 '좋아요', 직장에서의 인정, 친구들 사이의 인기 - 이 모든 것이 우리의 행동과 결정에 영향을 미칩니다. 우리는 점점 더 타인의 시선과 평가에 의존하게 됩니다. 그러나 니체는 바로 이 지점에서, 군중 속에서 자신을 잃는 것의 위험성을 강력하게 경고합니다.

무리 본능의 함정

니체는 『인간적인, 너무나 인간적인』에서 "군중 속에서 너는 길을 잃는다"라고 말했습니다. 이 간결한 문장은 깊은 의미를 담고 있습니다. 우리가 집단의 일부가 되면, 어느새 자기만의 생각과 가치관을 내려놓고 무리의 생각을 무비판적으로 따라가게 된다는 것입니다.

오늘날 니체의 이 경고는 그 어느 때보다 중요해졌습니다. 소셜 미디어, 대중 매체, 끊임없는 알림 - 이 모든 디지털 환경은 우리를 '무리' 속으로 더 깊고 빠르게 끌어들이고 있습니다. 우리는 매 순간 남들이 무엇을 입는지, 어디를 여행하는지, 무엇을 먹는지, 심지어 무엇을 생각하는지에 대한 정보의 홍수 속에 살고 있습니다. 이렇게 과잉 연결된 세상에서 자신만의 진정한 목소리를 유지한다는 것은 거의 반항에 가까운 행위가 되었습니다.

니체는 『아침놀』에서 이렇게 예리하게 지적했습니다.

"군중 속에서 개인은 스스로에 대한 책임을 잊어버린다. 왜냐하면 이제 그는 자신의 행동을 스스로 판단하지 않고, 집단의 판단에 의존하기 때문이다."

집단 속에서 우리는 종종 개인적인 책임감과 비판적 사고를 포기합니다. "모두가 그렇게 하니까", "그것이 관례니까", "남들도 다 이러는데"라는 이유로 행동하며, 자신의 진정한 가치와 신념에 따라 판단하지 않게 됩니다.

이런 무리 사고(herd mentality)는 표면적으로는 우리에게 안전감과 소속감을 제공하지만, 그 대가로 우리의 독특성과 창의성, 그리고 자율성을 빼앗아 갑니다. 결국 그것은 우리가 진정한 자아를 발견하고 표현하는 여정을 방해하는 보이지 않는 감옥이 됩니다. 그것은 우리가 진정한 자아를 발견하고 표현하는 것을 방해합니다.

고독의 가치

니체에게 '혼자 있는 시간'은 단순한 선호가 아닌 필수적인 요소였습니다. 그는 이렇게 말했습니다.

"고독 속에서 네 별이 빛나고, 네 법칙이 자라난다."

여기서 말하는 고독은 단순히 외롭게 있는 상태가 아닙니다. 그것은 TV나 스마트폰, 소셜미디어의 끊임없는 소음 없이, 오직 자신의 내면 목소리에 귀 기울이는 창조적이고 명상적인 시간입니다. 니체는 이런 '나만의 시간'이 없다면, 진정한 자아를 결코 발견할 수 없다고 확신했습니다.

현대 사회에서 의도적인 고독의 시간을 갖는 것은 점점 더 어려워지고 있습니다. 우리는 24시간 디지털로 연결되어 있고, 쉬지 않고 정보와 콘텐츠를 소비하고 있습니다. 하루에도 수백 번씩 알림을 확인하고, 잠들기 직전까지 스크린을 들여다봅니다. 이런 환경에서 진정한 고독을 경험하려면, 의식적이고 때로는 과감한 결단이 필요합니다. 우리는 때로 이 모든 연결을 과감히 끊고, 자신만의 시간과 공간을 신성하게 지켜내야 합니다.

진정한 개인으로 살아가기

그렇다면 어떻게 군중 속에서도 자신을 잃지 않을 수 있을까요? 니체는 이에 대한 몇 가지 통찰을 제공합니다.

1. **자기 인식 기르기**: 무리의 영향을 받을 때 그것을 알아차리는 것이 첫 번째 단계입니다. 결정을 내리기 전에 "나는 지금 진정으로 내 자신의 판단을 하고 있는가, 아니면 단지 다른 사람들의 의견이나 유행을 따르고 있는가?"라고 자문해 보세요. 이런 자각의 순간이 바로 자유의 첫 걸음입니다.

2. **개인적 가치 발견하기**: 『도덕의 계보학』에서 니체는 우리가 물려받은 모든 가치체계를 비판적으로 검토하고, 자신만의 진정한 가치를 발견할 것을 촉구했습니다. 이것은 용기 있는 질문을 던지는 과정입니다. "사회가 중요하다고 말하는 것이 나에게도 정말로 중요한 것인가?", "성공, 행복, 의미에 대한 내 진짜 기준은 무엇인가?", "만약 아무도 보지 않는다면, 나는 어떤 삶을 선택할 것인가?"

3. **건강한 거리두기 실천하기**: 니체는 사회와 완전히 단절하라고 주장한 은둔자가 아니었습니다. 대신, 그는 사회와 건강한 거리를 유지하면서도 그 안에서 살아가는 지혜를 강조했습니다. 이것은 '세상 속의 은자(hermit in the world)'가 되는 미묘한 균형입니다. 사회에 참여하되 맹목적으로 동화되지 않고, 상황의 한가

운데 있으면서도 한 발짝 떨어져 관찰하는 여유를 갖는 것입니다.

진실된 관계 맺기

니체가 군중 심리와 무리 본능을 비판했다고 해서, 그가 모든 형태의 인간 공동체나 관계를 거부한 냉소적 고독주의자는 아니었습니다. 오히려 그는 더 깊고, 더 진실되며, 더 의미 있는 관계의 가능성을 적극적으로 모색했습니다. 『차라투스트라는 이렇게 말했다』에서 그는 진정한 관계의 본질에 대해 이렇게 말합니다.

"홀로 있는 것을 두려워하지 않는 사람만이
진정으로 좋은 친구가 될 수 있다."

이 심오한 통찰은 진정한 관계의 역설을 드러냅니다. 진정한 관계는 서로 속에서 자신을 완전히 잃어버릴 때가 아니라, 오히려 자신만의 온전한 개별성과 독립성을 유지하면서 맺어질 때 더욱 깊고 의미 있게 된다는 것입니다.

니체에게 있어 이상적인 관계는 서로를 소유하거나 통제하려 하지 않고, 각자의 독립성과 독특성을 깊이 존중하면서도 함께 성장하는 관계입니다. 그는 이런 관계를 "별들 사이의 춤"이라는 아름다운 은유로 표현했습니다. 각자가 자신만의 궤도와 빛을 유지하면서도, 우주적인 조화 속에서 함께 움직이는 모습입니다.

결국 니체가 우리에게 가르치는 것은, 군중 속에서도 자신만의 내면의 나침반을 잃지 않는 용기입니다. 현대 사회의 끊임없는 연결성과 집단적 동조 압력 속에서도, 우리는 자신만의 고독을 지키고, 자신만의 생각을 발전시키며, 자신만의 길을 걸어갈 수 있습니다. 그리고 이렇게 자기 자신을 잃지 않는 사람들만이 진정으로 의미 있는 관계와 공동체를 형성할 수 있습니다.

니체는 이렇게 말했습니다.

"자신의 길을 걷는 자는 누구에게도 본보기가 될 수 없다. 본보기란 길이 아니기 때문이다."

존재의 거울: 지훈의 이야기

지훈은 항상 친구들에게 인기 있는 사람이었습니다. 대학 시절부터 그는 어떤 모임에서든 분위기 메이커였고, 모두의 기대에 맞추기 위해 노력했습니다. 그는 자신의 의견보다는 집단의 의견을 우선시했고, 갈등을 피하기 위해 종종 자신의 진짜 생각을 숨겼습니다.

회사에 들어간 후에도 이 패턴은 계속되었습니다. 그는 상사가 원하는 대로 행동했고, 동료들 사이에서도 항상 '좋은 사람', '편한 사람'으로 인식되기를 원했습니다. 페이스북, 인스타그램, 카카오톡 - 그의 소셜 미디어 활동은 거의 강박적일 정도로 활발했고, 그는 '좋아요'의 숫자와 댓글의 내용으로 자신의 가치와 존재감을 측정하곤 했습니다.

그러나 30대 중반이 되었을 때, 지훈은 마음 깊은 곳에서 올라

오는 공허함과 마주하게 되었습니다. 수백 명의 '친구들'로 둘러싸여 있었지만, 진정한 연결감은 찾을 수 없었습니다. 더 심각한 것은, 그가 자신이 누구인지, 무엇을 진정으로 원하는지 더 이상 전혀 확신하지 못한다는 것이었습니다. 마치 자신의 본질이 흐릿해진 것 같았습니다. 그는 너무 오랫동안 다른 사람들의 기대와 평가에 맞추어 살아왔기 때문에, 자신만의 진정한 욕구와 가치관을 완전히 잊어버렸습니다.

우연한 기회에, 지훈은 일주일간의 명상 리트릿에 참가하게 되었습니다. 처음에는 이것도 직장 동료의 권유 때문이었고, '인맥 관리'의 일환으로 참석했습니다. 그러나 조용한 산속 센터에서, 그는 하루 중 명상 시간에 읽게 된 니체의 말에 깊은 충격을 받았습니다.

"군중 속에서 너는 길을 잃는다."

이 간결한 문장이 그의 마음을 뒤흔들었습니다. 마치 오랜 시간 닫혀있던 방의 창문이 갑자기 열린 것 같았습니다. 그는 자신이 타인의 기대와 인정이라는 미로 속에서 진짜 자신을 완전히 잃어버렸다는 것을 명확히 깨달았습니다. 명상의 고요한 시간 동안, 그는 처음으로 자신의 내면에서 들려오는 작은 목소리에 진정으로 귀를 기울였습니다. 그리고 그것은 그가 너무 오랫동안 무시하고 억압해왔던 자신의 진짜 목소리였습니다.

리트릿에서 돌아온 후, 지훈은 자신의 진정한 모습을 되찾기 위한 조용한 혁명을 시작했습니다. 가장 먼저, 그는 소셜 미디어 사용 시간을 대폭 줄였습니다. 알림을 끄고, 특정 시간에만 확인하는 습관을 들였습니다. 그리고 매일 아침 출근 전 30분씩 혼자 공원을 산책하는 시간을 신성하게 지켰습니다. 이 고요한 시간 동안 그는 자신의 진짜 생각과 감정의 흐름을 탐색했고, 점점 더 선명하게 자신의 진정한 목소리를 발견해갔습니다.

그는 또한 이전처럼 모든 모임과 초대에 무조건 응하는 대신, 자신에게 진정으로 의미 있는 소수의 관계에 더 깊은 에너지를 투자하기 시작했습니다. 처음으로 그는 자신의 내면의 가치와 맞지 않는 자리에는 미소를 지으며 정중하게 "아니오"라고 말하는 법을 배웠습니다. 그러나 가장 중요한 변화는, 그가 모든 사람의 기대에 맞추려는 소모적인 노력 대신, 비록 때로는 불편하더라도 자신의 진정한 생각과 감정을 솔직하게 표현하는 용기를 찾게 되었다는 것입니다.

이 변화의 과정은 처음에는 매우 어색하고 때로는 고통스럽기까지 했습니다. 몇몇 사람들은 "왜 갑자기 달라졌어?"라며 그의 변화를 이해하지 못했고, 일부 피상적인 관계는 자연스럽게 소원해졌습니다. 직장에서도 그는 더 이상 모든 제안에 무조건 고개를 끄덕이지 않고, 자신의 진솔한 관점과 아이디어를 조심스럽게 표현하기 시작했습니다. 이로 인해 간혹 작은 갈등이 생기기도 했지만, 놀랍게도 동시에 그는 자신의 전문성과 진솔한 판단력에 대한 새로운 형태의 깊은 존중을 경험하게 되었습니다.

놀랍게도, 일부 표면적인 관계는 자연스럽게 사라졌지만, 남은 몇몇 관계들은 전보다 훨씬 깊고 진실된 유대로 발전했습니다. 그는 더 이상 모든 사람에게 인기 있는 '좋은 사람'은 아니었지만, 자신과 주변의 소중한 사람들에게 한결 더 진실되고 온전한 사람이 되었습니다. 그리고 바로 이 진정성이 그의 삶에 더 의미 있고 만족스러운 관계의 기반이 되었습니다.

변화의 여정을 시작한 지 일 년 후, 지훈은 마침내 안정적인 회사를 떠나 오랫동안 가슴 한편에 품어왔던 꿈 - 소규모 문화 체험 여행 가이드 사업을 시작했습니다. 그는 항상 여행과 자연, 그리고 다양한 문화를 깊이 사랑했지만, 이 열정을 실제 직업으로 삼는 것은 '너무 비현실적'이고 '무책임한 선택'이라고 스스로를 설득해왔습니다. 마침내 그는 자신만의 별을 따라갈 용기를 찾았고, 그 선택은 그에게 이전에는 상상하지 못했던 깊은 만족감과 자유를 가져다주었습니다.

새로운 삶을 시작한 지 1년이 되는 날 저녁, 그는 노트북을 열고 일기에 이렇게 적었습니다.

"난 여전히 사람들과의 관계를 깊이 소중히 여긴다. 하지만 이제 나는 그 관계 속에서도 나 자신의 중심을 잃지 않는다. 니체가 옳았다. 자신을 진정으로 찾기 위해서는 때로는 군중에서 용기 있게 벗어나 홀로 서는 고독의 시간이 필요하다. 그리고 가장 놀라운 것은, 내가 진정한 나 자신으로 살기 시작했을 때, 오히려 더 깊고 의미 있는 인간적 연결이 가능해졌다는 사실이다. 이제야 나는 진정한 의미의 '함께함'이 무엇인지 알게 되었다."

✦ 초인을 향한 발걸음

1. **혼자만의 시간 갖기**: 정기적으로 혼자만의 시간을 가지고, 자신의 생각과 감정을 탐색하세요. 명상, 일기 쓰기, 혼자 산책하기 등의 활동이 도움이 될 수 있습니다. 하루에 15분이라도, 외부의 소음 없이 자신의 내면에 집중하는 시간을 만드세요.

2. **거절하는 연습하기**: '아니오'라고 말하는 연습을 하세요. 모든 초대나 요청을 수락할 필요는 없습니다. 자신의 우선순위와 가치에 맞지 않는 활동은 정중히 거절할 수 있습니다. 처음에는 어색할 수 있지만, 연습을 통해 점점 더 자연스러워질 것입니다.

3. **경계 설정하기**: 관계에서 경계를 설정하고, 그것을 존중받는 연습을 하세요. 건강한 경계는 건강한 관계의 기초입니다. 어떤 행동이나 상황이 당신을 불편하게 만든다면, 그것을 명확히 표현하는 법을 배우세요.

4. **디지털 디톡스 실천하기**: 정기적으로 소셜 미디어와 디지털 기기로부터 거리를 두는 시간을 가지세요. 예를 들어, 주말 하루는 휴대폰을 멀리 두거나, 저녁 식사 시간에는 모든 기기를 끄는 규칙을 만들 수 있습니다. 이는 외부의 소음에서 벗어나 자신의 목소리를 듣는 데 도움이 됩니다.

5. 비판적 사고 기르기: 대중적인 의견이나 트렌드를 무비판적으로 받아들이지 말고, 스스로 생각하고 판단하는 습관을 기르세요. "이것은 정말 내가 믿는 것인가, 아니면 단지 모두가 믿기 때문에 내가 받아들인 것인가?"라고 자문해 보세요.

6. 진정성 있는 관계 추구하기: 많은 표면적인 관계보다는 소수의 깊고 진실된 관계를 추구하세요. 자신을 있는 그대로 받아들여 주는 사람들과 시간을 보내세요. 진정한 친구는 당신이 가면을 쓰지 않아도 되는 사람들입니다.

7. 내면의 나침반 개발하기: 외부의 인정이나 승인에 의존하지 않고, 자신의 내적 기준과 가치에 따라 결정을 내리는 연습을 하세요. 이것은 시간이 걸리는 과정이지만, 점점 더 자신의 판단을 신뢰하게 될 것입니다.

8. 다양한 관점 접하기: 자신의 생각과 다른 관점도 적극적으로 접해보세요. 다양한 책을 읽고, 다른 배경의 사람들과 대화하고, 새로운 경험을 시도해 보세요. 이것은 자신의 생각을 확장하고, 무리 사고에서 벗어나는 데 도움이 됩니다.

"혼자 걷는 자여,
그대는 군중의 길이 아닌 자신의 길을 간다!
그리고 오늘날 '군중'이 된 것:
그것은 단지 많은 '혼자'들, 많은 고독한 사람들이다."

『차라투스트라는 이렇게 말했다』

7장

패배 속에서 진짜를 드러낸다
"패배 속에 진짜 얼굴이 드러난다."

당신은 어떤 실패의 순간을 기억하고 있나요? 중요한 면접에서 떨어졌을 때, 중요한 발표에서 실수했을 때, 사랑하는 사람이 이별을 고했을 때? 이런 순간에 당신은 어떻게 반응했나요? 눈물이 났나요? 화가 치밀었나요? 아니면 웃어넘기려 했나요?

우리는 성공의 순간은 즉시 SNS에 공유하면서도, 실패의 순간은 아무도 모르게 숨기려 합니다. 그러나 바로 이 실패의 순간이야말로 우리의 진짜 모습이 가장 또렷하게 드러나는 시간입니다.

니체는 이런 어두운 순간들이 우리 본연의 모습을 보여주는 결정적인 순간이라고 했습니다. 성공의 밝은 빛 아래서는 우리의 약점, 불안, 자기중심성이 쉽게 가려지지만, 패배의 그림자 속에서는 그런 가면이 벗겨지고 진정한 우리가 드러납니다.

패배를 통한 성장

니체는 『우상의 황혼』에서 "나를 죽이지 않는 것은 나를 더 강하게 만든다"라는 유명한 말을 남겼습니다. 이것은 역경과 패배가 단순히 극복해야 할 장애물이 아니라, 성장과 자기 발견의 기회가 될 수 있음을 의미합니다.

패배는 우리에게 귀중한 교훈을 가르쳐 줍니다. 성공에서는 배울 수 없는 것들을 실패에서 배웁니다. 실패는 우리의 한계를 보여주고, 개선이 필요한 부분을 알려주며, 겸손함과 회복력을 기르게 합니다. 무엇보다, 패배는 우리에게 자기 성찰의 기회를 제공합니다.

『인간적인, 너무나 인간적인』에서 니체는 "위대한 승리자들은 종종 위대한 패배자들이었다"라고 말했습니다. 역사를 통틀어 많은 위대한 인물들이 심각한 실패와 좌절을 경험했지만, 그것을 극복하고 더 강해졌습니다. 그들은 패배를 끝이 아닌 새로운 시작으로 보았습니다.

패배의 품격

그러나 니체에게 있어 중요한 것은 단순히 패배에서 회복하는 것이 아니라, 그 과정에서 자신의 품격과 진정성을 유지하는 것입니다. 『선과 악을 넘어서』에서 그는 "당신이 어떤 깊은 상처를 입었는가가 아니라, 그 상처를 어떻게 견뎠는가가 당신을 정의한다"고 강조했습니다.

패배의 순간에 우리는 종종 비난, 부정, 자기 연민, 분노 등의 유혹에 직면합니다. 이런 반응들은 자연스럽지만, 장기적으로는 우리의 성장을 방해할 수 있습니다. 진정으로 사랑받는 사람은 승리의 순간뿐만 아니라, 패배의 순간에도 존엄과 품격을 유지할 수 있는 사람입니다.

이것은 패배를 인정하고, 그로부터 배우며, 책임을 받아들이는 용기를 의미합니다. 그것은 또한 후회와 비난에 시간을 낭비하지 않고, 앞으로 나아갈 수 있는 정신적 강인함을 의미합니다.

패배와 운명을 사랑하기 (Amor Fati)

패배를 대하는 니체의 태도는 그의 '운명을 사랑하기(amor fati)' 개념과 깊이 연결되어 있습니다. 운명을 사랑하기란 자신의 운명을 사랑하는 것, 즉 삶의 모든 측면 - 기쁨과 고통, 성공과 실패, 상승과 하락 - 을 받아들이고 긍정하는 태도입니다. 『즐거운 학문』에서 니체는 이렇게 말합니다.

"나는 점점 더 그것을 보고 있다
- 앞으로 내 철학의 본질이 될 것은 '운명을 사랑하기',
바꿀 수 없는 것을 사랑하는 것이다."

패배조차도 우리 삶의 필수적인 부분으로 받아들이고 긍정할 때, 우리는 그것에 압도되지 않고 그것을 통해 성장할 수 있습니다. 이것은 패배를 무조건 좋아하라는 의미가 아니라, 그것을 우리 삶의 이야기의 필수적인 부분으로 인정하고, 그것이 우리를 형성하는 데 어떻게 기여했는지 인식하라는 뜻입니다.

패배의 진실성

패배의 순간은 또한 놀라운 진실과 명료함의 순간이 될 수 있습니다. 성공의 환상과 자기기만의 장막이 걷히고 나면, 우리는 종종 훨씬 더 선명하게 현실을 볼 수 있게 됩니다. 마치 안개가 걷힌 후 갑자기 보이는 산맥처럼, 우리는 자신의 진정한 모습 - 약점과 한계 그리고 깊은 강점과 독특한 가치 - 을 더 명확히 인식하게 됩니다.

이런 순간에 우리는 번영의 시기에는 피상적으로 스쳐 지나갔던 근본적인 질문들과 마주하게 됩니다. '내가 정말 무엇을 위해 살고 있는가?', '무엇이 진정으로 중요한가?', '나는 어떤 사람이 되고 싶은가?' 이런 질문들은 불편하고 때로는 고통스럽지만, 바로 이 질문들이 우리를 더 깊은 자기 이해와 더 의미 있는 삶으로 이끌 수 있는 문을 열어줍니다.

무엇보다, 패배의 순간에 우리가 보이는 모습은 다른 사람들에게 큰 영향을 미칩니다. 성공할 때 누구나 좋아 보일 수 있지만, 패배할 때 존엄과 품격을 유지하는 것은 진정한 강인함과 성품을 보여줍니다.

존재의 거울: 주영의 이야기

주영은 모두가 미래가 창창하다고 평가하는 유망한 젊은 정치인이었습니다. 정치인으로서 그는 청렴하고 진실된 태도로 많은 지지자들의 사랑을 받았고, 다가오는 국회의원 선거에서는 모든 여론조사에서 압도적인 지지율을 기록하고 있었습니다. 그의 선거 캠프는 매일 축제 분위기였고, 모든 언론과 지지자들은 그의 승리를 기정사실로 여겼습니다.

그러나 선거를 단 일주일 앞둔 어느 날 아침, 모든 것이 순식간에 바뀌었습니다. 주요 일간지 1면에 주영의 대학 시절 문제적 행동에 관한 기사가 실렸습니다. 10년도 더 된 일이었지만, 그 순간 주영의 세계는 멈춰 섰습니다. 비록 그것이 심각한 범죄는 아니었지만, 그의 도덕성과 청렴성에 대한 이미지는 크게 손상되었고, 한순간에 그의 정치적 미래는 안개 속으로 사라지는 듯했습니다.

선거일, 개표 결과가 나오기 시작했을 때, 주영은 자신의 눈을 의심했습니다. 그는 근소한 차이로 패배하고 있었습니다. 최종 개표가 끝났을 때, 그는 단 2%의 차이로 역전패를 당했습니다. 그 순간 주영은 완전한 절망에 빠졌습니다. 몇 년간의 노력, 희생, 열정이 모두 물거품이 된 것 같았습니다.

선거 패배 후 그날 밤, 주영은 깊은 절망에 빠졌습니다. 그동안의 모든 노력이 물거품이 된 것 같았고, 그의 정치적 꿈은 산산조각이 났습니다. 그의 측근들은 상대 캠프의 "비열한 전략"을 비난하며 그에게 강경하게 대응할 것을 조언했습니다. 그들은 선거 결과에 이의를 제기하고, 상대의 캠페인 전술을 공격하자고 제안했습니다.

패배의 밤, 주영은 캠프 사무실에 홀로 남았습니다. 그의 핸드폰은 쉴 새 없이 울렸지만, 그는 아무도 만나고 싶지 않았습니다.

그의 측근들은 상대 캠프의 '비열한 전략'을 비난하며 선거 결과에 이의를 제기하고 법적 대응을 할 것을 조언했습니다. 분노와 원망, 자기연민의 감정이 그를 압도했습니다.

다음 날 아침, 혼란스러운 마음으로 주영은 대학 시절 존경했던 정치철학 교수를 찾아갔습니다. 그는 모든 불만과 분노를 토로했습니다. 교수는 조용히 그의 이야기를 들은 후, 책장에서 한 권의 책을 꺼냈습니다. 니체의 책이었습니다.

<u>"성공은 많은 것을 가리지만, 패배의 순간에
진정한 자신의 모습이 드러난다."</u>

교수는 이렇게 말했습니다. "지금 이 순간이 당신의 진정한 성품을 보여줄 시간입니다. 당신이 어떻게 패배를 받아들이느냐가 당신이 어떤 사람인지, 그리고 앞으로 어떤 지도자가 될 수 있는지를 결정할 것입니다."

이 말은 주영에게 깊은 울림을 주었습니다. 그날 밤, 그는 오랜 시간 성찰했고 다음 날 아침, 패배를 인정하는 연설을 하기로 결심했습니다. 대부분의 사람들은 그가 분노하거나 상대를 비난할 것이라고 예상했습니다. 정치의 세계에서 그것은 흔한 반응이었습니다. 그러나 주영은 다른 길을 선택했습니다.

그는 패배를 겸허히 인정하고, 자신의 실수에 대해 솔직하게 성찰했습니다.

"저는 여러분의 신뢰를 잃게 된 것을 책임지며, 오늘의 결과를 겸허히 받아들입니다. 제가 젊었을 때 한 실수는 변명의 여지가 없지만, 그것은 제가 누구인지의 전부가 아닙니다. 저는 이 경험에서 배우고, 더 나은 사람으로 성장하겠습니다."

패배 연설에서 그는 상대에게 진심으로 축하의 말을 전하고, 지지자들에게는 깊은 감사의 마음을 표현했습니다. 그는 자신의 실패를 개인적인 것으로 받아들이면서도, 그들이 함께 추구했던 가치와 비전은 계속해서 중요하다고 강조했습니다.

이 모습은 많은 사람들에게 깊은 인상을 남겼습니다. 심지어 그의 정치적 반대자들조차 그의 품격에 감탄했습니다. 한 언론인은 이렇게 썼습니다.

"주영은 선거에서는 졌지만, 품격에서는 이겼다. 그의 패배 연설은 우리 정치에 필요한 진정성과 겸손함을 보여주었다."

패배 후, 주영은 정치에서 잠시 물러나 지역 사회 봉사 활동에 집중했습니다. 그는 청소년 멘토링 프로그램을 시작하고, 소외된 지역사회를 위한 교육 이니셔티브를 추진했습니다. 그는 정치적 성공보다 실질적인 변화를 만드는 데 더 집중했습니다.

몇 년 후, 그가 다시 정치에 복귀했을 때, 많은 사람들이 그를 기억하고 있었습니다. 그들은 승리의 순간보다 패배의 순간에 보여준 그의 진정한 모습을 기억했습니다. 그는 이전보다 더 많은 사람들의 지지를 받게 되었고, 결국 더 큰 선거에서 승리했습니다. 취임 연설에서 그는 니체의 말을 인용했습니다.

"별을 탄생시키려면 자신 안에 혼돈을 가져야 한다."

"저는 패배를 통해 더 강해졌고, 더 깊어졌으며, 더 진실된 사람이 되었습니다. 이제 저는 개인적인 성공이 아닌, 우리 모두의 공동선을 위해 일할 것입니다."

주영의 이야기는 패배가 어떻게 우리의 진정한 모습을 드러내고, 더 깊은 성장과 성공의 씨앗이 될 수 있는지를 보여줍니다. 그의 경험은 니체의 통찰을 생생하게 보여줍니다. 패배 속에서 우리의 진짜 얼굴이 드러나고, 그것이 우리를 더 강하고 진실된 사람으로 만들 수 있다는 것을.

✦ 초인을 향한 발걸음

1. **감정 인정하기**: 실패했을 때, 비난하거나 변명하기 전에 깊게 호흡하고 자신의 감정을 인정하세요. 실망, 좌절, 분노 같은 감정은 자연스러운 것입니다. 이러한 감정을 억누르거나 부정하지 말고, 그것을 인식하고 받아들이세요. "나는 지금 실망했다"라고 솔직하게 인정하는 것이 치유의 첫 단계입니다.

2. **교훈 찾기**: 패배를 통해 배울 수 있는 교훈을 찾으세요. 모든 실패는 성장의 기회를 제공합니다. "이 경험에서 내가 배울 수 있는 것은 무엇인가?", "다음에는 어떻게 다르게 할 수 있을까?"라고 자문해 보세요. 이러한 질문들은 실패를 건설적인 학습 경험으로 전환하는 데 도움이 됩니다.

3. **책임 받아들이기**: 자신의 역할과 책임을 인정하세요. 외부 요인을 탓하는 것은 성장을 방해합니다. 물론 모든 것이 당신의 통제 하에 있는 것은 아니지만, 당신이 통제할 수 있는 부분에 집중하고 그에 대한 책임을 받아들이세요. 이것은 희생자 사고방식에서 벗어나 주체적인 삶을 살게 해줍니다.

4. **품격 유지하기**: 패배의 순간에도 존엄과 품격을 유지하세요. 비난, 증오, 복수의 유혹에 저항하세요. 대신, 상황을 겸허히 받아

들이고, 다른 사람들을 존중하는 태도를 유지하세요. 패배를 어떻게 다루느냐가 당신의 진정한 성품을 보여줍니다.

5. 자기 가치 분리하기: 실패를 개인적인 가치와 분리하는 연습을 하세요. 당신은 당신의 실패가 아닙니다. 당신의 가치는 성공이나 실패에 의해 결정되지 않습니다. 이것을 기억하면 패배의 순간에도 자존감을 유지하는 데 도움이 됩니다. "나는 이번에 실패했다"와 "나는 실패자다"는 완전히 다른 문장입니다.

6. 타인의 성공 축하하기: 다른 사람의 성공을 진심으로 축하하는 관대함을 기르세요. 특히 당신이 경쟁에서 졌을 때 이것은 작은 일이 아니며, 진정한 품격의 표시입니다. 이것은 시기심과 원망을 넘어서는 정신적 성숙함을 보여줍니다.

7. 회복력 기르기: 패배 후 다시 일어서는 회복력을 기르세요. 이것은 탄력성, 적응력, 그리고 역경 속에서도 앞으로 나아가는 능력을 의미합니다. 작은 실패로부터 배우고 회복하는 연습을 통해, 더 큰 도전에 대비할 수 있습니다.

8. 패배를 재구성하기: 패배를 여정의 끝이 아니라, 새로운 시작으로 보는 연습을 하세요. 각 실패는 다음 성공을 위한 발판이 될 수 있습니다. 이런 관점은 패배를 극복하고 앞으로 나아가는

데 큰 힘이 됩니다. 니체의 '운명을 사랑하기' 개념처럼, 패배조차도 당신의 이야기의 필요한 부분으로 받아들이고 사랑하세요.

"당신의 최악의 적은 당신에게 무엇을 할 수 있을까?
기껏해야 당신을 죽일 뿐이다.
그러니 원수조차 사랑할 수 있는 마음을 가져라:
이것이 진정한 강함의 길이다."

『차라투스트라는 이렇게 말했다』

8장

부러움을 나침반 삼는다
"너는 질투하는 만큼 되고 싶어 한다."

누군가를 정말 부러워한 적 있나요? 친구가 꿈의 직장에 취직했을 때, 동료가 여러분보다 뛰어난 재능을 보일 때, 인스타그램에서 유명인의 화려한 삶을 볼 때... 가슴 한쪽이 묘하게 아리지 않나요? 이게 바로 부러움이죠. 우린 보통 이런 감정을 나쁜 것으로 여겨 얼른 숨기거나 억누르려고 해요. "아니야, 난 질투 같은 거 안 해"라고 스스로에게 말하면서요.

하지만 니체는 이런 불편한 감정을 부정하거나 숨기지 말고, 오히려 자기 발견의 강력한 도구로 활용하라는 놀라운 제안을 합니다. 그의 통찰력 있는 시각에 따르면, 부러움은 단순한 부정적 감정이 아니라 우리 내면의 깊은 열망과 가치를 드러내주는 일종의 나침반입니다. 그가 남긴 통찰을 들어보세요.

"네가 질투하는 만큼,
그만큼 네가 되고 싶어 하는 거야."

이 통찰은 우리의 부러움이 사실은 우리 내면의 깊은 열망을 드러내는 신호라는 것을 의미합니다. 당신이 누군가를 부러워할 때, 그것은 당신이 진정으로 원하는 것, 가치 있게 여기는 것, 그리고 어쩌면 아직 자신에게 인정하지 않은 열망을 보여주는 창문일 수 있습니다.

부러움의 지혜

니체는 부러움, 질투, 시기와 같이 흔히 '나쁘다고 여겨지는' 감정들도 사실은 우리에게 중요한 지혜와 통찰을 제공할 수 있다고 믿었습니다. 그는 이런 감정들을 단순히 억압하거나 부정하는 것이 아니라, 그것들이 우리에게 알려주는 메시지에 귀 기울이는 것이 중요하다고 보았습니다. 그는 이렇게 말했습니다.

> "우리의 감정, 특히 강한 감정들은 우리가 진정으로
> 가치 있게 여기는 것이 무엇인지 정직하게 알려준다."

당신이 부러워하는 대상을 주의 깊게 살펴보면, 당신의 영혼이 진정으로 갈망하는 것이 무엇인지 발견할 수 있습니다. 이것은 마치 마음의 X-ray와 같아서, 표면 아래 숨겨진 열망의 윤곽을 드러냅니다. 친구의 자유로운 생활방식을 부러워하나요? 아마도 당신은 더 많은 자유와 모험을 갈망하고 있을 것입니다. 동료의 창의적인 업무 능력을 부러워하나요? 당신 안에도 표현되기를 기다리는 창조적 에너지가 있을 수 있습니다.

부러움은 또한 우리가 아직 인정하지 않은 잠재력을 드러냅니다. 니체는 『아침놀』에서 "모든 강한 욕망의 뒤에는 현재의 자신을 넘어서고자 하는 잠재적 의지가 숨겨져 있다."고 제안했습니다. 당신이 다른 사람의 능력이나 성취를 부러워할 때, 그것은 당신 안에도 그런 잠재력이 있음을 의미할 수 있습니다.

부러움을 나침반으로 사용하기

부러움이라는 감정을 단순히 억누르거나 부정하는 대신, 우리는 그것을 내면의 나침반으로 활용할 수 있습니다. 이것은 부러움을, 피해야 할 '부정적 감정'에서 자기 발견과 성장을 위한 귀중한 도구로 변환하는 과정입니다. 마치 항해사가 나침반을 통해 방향을 찾듯, 우리도 부러움을 통해 우리의 열망이 가리키는 방향을 발견할 수 있습니다.

이 과정은 몇 가지 단계를 거칩니다. 첫째, 부러움을 느낄 때 그것을 인식하고 인정하세요. '나는 지금 그/그녀가 부럽다'라고 솔직하게 인정하는 것이 첫 단계입니다. 이렇게 감정을 받아들이는 것만으로도 그 감정의 불편함이 줄어들기 시작합니다.

둘째, 그 감정을 더 깊이 탐색하세요. '내가 정확히 무엇을 부러워하는가?', '그것이 나에게 왜 중요한가?'라고 자문해 보세요. 부러움의 표면 아래에 있는 구체적인 가치나 욕구를 식별하려고 노력하세요. 종종 우리는 타인의 성공이나 소유물 자체가 아니라, 그것이 상징하는 것 - 자유, 인정, 안정감, 표현의 기쁨 - 을 부러워합니다.

셋째, 이제 그 열망을 행동으로 옮기는 방법을 고민하세요. 이것이 가장 중요한 단계입니다. 부러움은 단순히 다른 사람이 가진 것을 원하는 수동적인 감정이 아니라, 당신 자신의 잠재력을 실현하라는 능동적인 신호일 수 있습니다. '이 부러움이 나에게 무엇을 하라고 알려주는가?', '나는 어떤 첫 걸음을 내딛을 수 있을까?'

부러움과 자신을 뛰어넘기

니체에게 있어 중요한 것은 부러움을 단순한 욕망이나 불만족으로 끝내지 않고, 자신을 뛰어넘기(self-overcoming)의 원동력으로 삼는 것입니다. 『차라투스트라는 이렇게 말했다』에서 그는 인간을 "뛰어넘어야 할 존재"로 묘사했습니다. 우리는 끊임없이 자신의 한계를, 현재의 자아를 넘어서려는 충동을 가지고 있습니다.

부러움은 이런 자신을 뛰어넘기의 에너지를 담고 있습니다. 그것은 "너는 더 많은 것이 될 수 있다", "너는 더 깊이 경험할 수 있다", "너는 더 충만하게 살 수 있다"라고 속삭입니다. 이 메시지에 귀 기울이고 행동으로 옮길 때, 우리는 진정한 성장과 자아 실현의 길로 나아갈 수 있습니다.

건강한 부러움과 파괴적 질투

물론, 모든 형태의 부러움이 건강하고 생산적인 것은 아닙니다. 부러움이라는 감정은 마치 불과 같아서, 적절히 다루면 우리를 따뜻하게 하고 앞으로 나아가게 하는 에너지를 제공하지만, 통제를 벗어나면 파괴적인 화재가 될 수 있습니다. 니체는 '건강한 부러움'과 '병적인 질투'를 명확히 구분했습니다.

건강한 부러움은 영감과 동기부여로 이어집니다. 그것은 '그/그녀가 할 수 있다면, 나도 할 수 있다'라는 긍정적인 생각을 불러일으킵니다. 이런 형태의 부러움은 다른 사람의 성공이나 능력에서 영감을 얻고, 그것을 자신의 성장과 발전을 위한 자극제로 활용합니다. 그것은 경쟁적이라기보다 협력적이며, 타인의 빛을 줄이려 하기보다 자신의 빛을 키우는 데 집중합니다.

반면, 병적인 질투는 다른 사람의 성공이나 행복을 자신에 대한 개인적 위협으로 해석합니다. 그것은 '왜 그/그녀는 가졌는데 나는 못 가지는가?'라는 원망 어린 생각으로 이어집니다. 이런 형태의 부러움은 자기 발전보다는 타인에 대한 비교와 경쟁에 초점을 맞추며, 종종 분노, 원망, 자기 비하로 이어집니다. 그것은 우리의 에너지를 소진시키고, 행동보다는 불만에 머물게 만듭니다.

니체가 제안하는 것은 부러움의 에너지를 파괴적인 질투가 아닌, 건설적인 자기 발전으로 전환하는 것입니다. 이것은 부러움을 인식하고, 그것이 우리에게 무엇을 말하고 있는지 이해하며, 그 메시지에 따라 행동하는 것을 의미합니다.

존재의 거울: 다은이의 이야기

다은이는 대학 시절부터 친구 소연이의 자유롭고 모험적인 삶을 마음 깊이 부러워했습니다. 두 사람은 같은 대학, 같은 과를 나

왔지만, 졸업 후 완전히 다른 길을 선택했습니다. 다은이는 부모님의 기대와 사회적 안정을 좇아 대기업 회계팀에 취직했습니다. 반면 소연이는 겨우 1년간의 회사 생활 후 사표를 던지고, 배낭 하나만 메고 세계 여행을 떠났습니다.

소연이의 SNS는 매혹적인 여행 사진들로 가득했습니다. 발리의 푸른 해변에서, 페루의 마추픽추에서, 모로코의 시장에서 찍은 사진들… 매번 소연이의 새로운 게시물을 볼 때마다, 다은이는 가슴 한편이 묘하게 아프고 불편해지는 것을 느꼈습니다. 그녀는 이 감정이 '질투'라고 인정하기 싫었지만, 점점 더 강해지는 부러움을 무시할 수 없었습니다.

한밤중, 에어컨 소리만 들리는 사무실에서 야근을 하던 다은이는 우연히 소연이의 최신 게시물을 보게 되었습니다. 그리스 산토리니의 하얀 집들을 배경으로 환하게 웃고 있는 소연이의 모습이 화면에 가득했습니다. 그 순간, 다은이는 더 이상 이 감정을 억누를 수 없었습니다.

'나는 소연이가 부럽다. 정말, 정말 부럽다. 그녀는 자유롭고, 모험적이며, 자신이 원하는 대로 살고 있어.' 그날 저녁, 다은이는 처음으로 일기장에 이 솔직한 고백을 적었습니다. 그런데 이 말을 적는 순간, 예상치 못한 일이 일어났습니다. 그녀의 마음에 무언가가 열리는 듯한 느낌이 들었고, 갑자기 더 깊은 진실이 떠올랐습니다. 그녀의 부러움은 단순히 소연이의 여행이나 인스타그램 인기가 아니었습니다. 그것은 소연이가 자신의 열정을 따르는 용기를 가졌다는 사실이었습니다. 소연이는 안전한 길 대신 자신이 진정으로 원하는 삶을 선택했고, 그것이 다은이의 가슴 깊은 곳을 건드렸습니다.

용기를 내어 자신의 감정을 솔직하게 들여다보니, 다은이는 자신의 내면에 오랫동안 묻어두었던 진실과 마주하게 되었습니다. 그녀 역시 더 자유롭고 창의적인 삶을 간절히 갈망하고 있었던 것입니다. 회계사로서의 안정적인 경력은 타인에게는 부러움의 대상이었지만, 그녀의 내면에는 항상 다른 꿈이 있었습니다. 어린 시절부터 그녀는 글쓰기와 여행에 깊은 열정을 가지고 있었습니다. 그녀는 여행 작가가 되는 꿈을 꾸었지만, '현실적'이라는 이름 아래 그 꿈을 접었습니다.

이제 다은이는 자신의 부러움이 소연이를 향한 것이 아니라, 자신이 포기한 꿈을 향한 것임을 명확히 알게 되었습니다. 그리고 이 깨달음은 단순한 인식에 그치지 않고, 그녀 안에 작은 변화의 불씨를 지폈습니다.

이런 깨달음은 다은이가 부러움을 억누르는 대신, 그것을 나침반으로 사용하기 시작하는 계기가 되었습니다. 그녀는 먼저 주말마다 짧은 국내여행을 다니며 여행 블로그를 시작했습니다. 그녀는 자신만의 시선으로 장소를 관찰하고, 독특한 스토리텔링 방식으로 그곳의 이야기를 전했습니다. 놀랍게도, 그녀의 글은 점점 더 많은 사람들의 관심을 끌기 시작했습니다.

6개월 후, 다은이는 과감히 1년간의 휴직을 신청했습니다. 그녀는 항상 가보고 싶었던 동남아시아 국가들을 중심으로 여행 계획을 세웠습니다. 소연이의 스타일을 모방하는 대신, 그녀는 자신만의 관점과 목소리를 발전시켰습니다. 그녀는 유명 관광지보다는 지역 주민들의 일상과 문화에 초점을 맞추었고, 이것이 그녀의 블로그를 독특하게 만들었습니다.

여행 중에 다은이는 소연이와 방콕에서 우연히 만나게 되었습니다. 과거에는 이런 만남이 불편했을 테지만, 이제 그녀는 진정한 기쁨으로 소연이를 만났습니다. 그들은 서로의 여행 경험과 블로그 운영에 대한 이야기를 나누었고, 심지어 미래의 협업 가능성도 논의했습니다.

그날 저녁, 다은이는 일기에 이렇게 적었습니다.

"소연이에 대한 부러움이 나를 여기까지 이끌어주었다. 그 감정을 부정하지 않고 들여다본 것이 내 인생의 전환점이 되었다. 니체가 말했듯, 나는 '질투하는 만큼 되고 싶어 했고', 그것이 나를 내 진정한 열정으로 인도했다. 이제 나는 소연이가 부럽지 않다. 대신, 그녀에게 고마움을 느낀다. 그녀의 삶이 나에게 영감을 주었고, 내 안에 있던 용기를 일깨워주었으니까."

여행에서 돌아온 후, 다은이는 회사에 복귀하는 대신 프리랜서 여행 작가로 새로운 커리어를 시작했습니다. 그녀의 글은 여러 매거진에 실리기 시작했고, 결국 그녀는 자신의 첫 여행 에세이집을 출간하게 되었습니다. 책의 서문에서 그녀는 자신의 여정을 이렇게 설명했습니다.

"때로는 불편한 감정, 심지어 부러움조차도 우리의 진정한 열망을 발견하는 나침반이 될 수 있습니다. 중요한 것은 그것을 억누르지 않고, 진지하게 들여다보는 용기입니다."

다은이의 이야기는 부러움이 어떻게 자기 발견과 변화의 강력한 도구가 될 수 있는지 보여줍니다. 그녀는 부러움을 부정적인 감정으로 간주하는 대신, 그것을 자신의 숨겨진 열망을 발견하는 나침반으로 사용했습니다. 그 결과, 그녀는 더 진실된, 더 충만한 삶을 살게 되었습니다.

우리의 부러움을 정직하게 바라보면, 그것은 우리가 진정으로 원하는 삶의 방향을 알려주는 나침반이 됩니다. 이렇게 자신의 진정한 열망을 발견하는 과정은 외부의 권위나 신에 의존하지 않고, 스스로의 삶에 책임을 지는 자율적 존재가 되는 첫걸음입니다.

✦ 초인을 향한 발걸음

1. 부러움 인식하기: 부러움을 느낄 때, 그것을 부정하거나 억누르지 말고 솔직하게 인정하세요. "나는 지금 (사람/상황)이 부럽다"라고 인정하는 것이 첫 단계입니다. 이 감정을 판단하지 말고, 단순히 관찰하세요.

2. 깊은 원인 탐색하기: 당신이 정확히 무엇을 부러워하는지 더 깊이 탐색하세요. 표면적인 것(돈, 외모, 인정)을 넘어, 그 기저에 있는 가치나 열망(자유, 창의성, 의미, 연결감)을 찾아보세요. "그/그녀의 무엇이 나를 부럽게 하는가?", "그것이 나에게 왜 중요한가?"라고 자문해 보세요.

3. 자기 성찰 일기 쓰기: 부러움을 느끼는 패턴을 추적하는 일기를 써보세요. 어떤 사람이나 상황이 반복적으로 부러움을 일으키는지 기록하고, 그것이 당신에게 무엇을 말해주는지 성찰하세요. 시간이 지나면 당신의 가치와 열망에 대한 중요한 통찰을 얻게 될 것입니다.

4. 영감으로 전환하기: 부러움을 파괴적인 감정에서 영감을 주는 감정으로 전환하세요. "그/그녀가 할 수 있다면, 나도 할 수 있다"는 마음가짐을 기르세요. 부러워하는 사람에게서 배울 것이

무엇인지 고민하고, 그들의 성공에서 용기와 동기를 얻으세요.

5. 작은 행동 시작하기: 부러움이 알려준 열망을 향해 작은 단계부터 시작하세요. 당신이 부러워하는 삶의 측면을 자신의 방식으로 삶에 통합할 방법을 찾아보세요. 완전한 변화는 천천히 일어나지만, 작은 행동들이 시간이 지나면서 큰 변화를 만듭니다.

6. 비교에서 벗어나기: 부러움을 인식하되, 끊임없는 비교의 함정에 빠지지 마세요. 당신의 여정은 독특하며, 다른 사람의 삶을 그대로 복제하는 것이 목표가 아닙니다. 부러움을 나침반으로 사용하되, 당신만의 길을 창조하세요.

7. 감사함 기르기: 부러움과 함께 감사하는 습관을 기르세요. 다른 사람들의 좋은 점을 인정하면서, 동시에 당신이 이미 가진 것들에 감사하는 연습을 하세요. 이 균형은 부러움이 쓰라림이 아닌 성장의 원동력이 되게 합니다.

8. 진정한 열망 구분하기: 사회적 압력이나 외부 기대에서 비롯된 부러움과 당신의 진정한 내면의 열망에서 오는 부러움을 구분하세요. "나는 정말 이것을 원하는가, 아니면 다른 사람들이 이것을 가치 있게 여기기 때문에 원하는가?"라고 자문해 보세요. 진정한 자기 발견은 외부의 기대가 아닌, 내면의 진실에 기반해야 합니다.

"질투는 우리의 마음 속에 숨어있는
야망과 열망을 드러낸다.
그것은 우리가 진정으로 무엇이 되고
싶은지를 보여주는 거울이다."

『인간적인, 너무나 인간적인』

9장

운명 탓하지 말고 자기 삶에 책임진다
"신은 죽었다."

'신은 죽었다.' 니체의 가장 유명하면서도 가장 오해받는 선언입니다. 많은 사람들은 이 말을 단순한 무신론적 선언으로 받아들이지만, 실제로는 그보다 훨씬 더 깊고 복잡한 의미를 담고 있습니다. 이것은 우리 문화와 삶에 대한 깊은 통찰이자, 인간으로서 우리의 새로운 가능성을 드러내는 혁명적인 선언입니다. 니체는 말했습니다.

"신은 죽었다! 신은 이제 없다! 그리고 우리가 그를 죽였다!
우리 인간이 바로 이 거대한 살인을 저질렀다!
이제 우리는 어떻게 이 엄청난 책임을 짊어지고
살아가야 할 것인가?"

이 말은 무엇을 의미할까요? 그것은 단순히 종교적 신념의 부재를 선언하는 것이 아닙니다. 니체는 서양 문명이 초월적 권위, 절대적 진리, 궁극적 목적의 원천으로서의 '신'에 더 이상 진정으로 기대지 않는다는 것을 인식했습니다. 이것은 단지 신학적 문제가 아니라, 우리가 삶과 가치, 의미를 이해하는 방식의 근본적인 변화를 의미합니다.

책임의 무게

'신은 죽었다'는 말의 핵심은 바로 '책임'입니다. 이제 우리는 더 이상 "신의 뜻이니까", "운명이 그런 거니까", "사회가 그렇게 만들었으니까" 같은 말로 우리 삶을 설명할 수 없게 됐습니다. 이제 우리 삶의 방향과 의미는 전적으로 우리 자신의 책임이 된 것입니다.

니체는 이런 상황이 두렵고 현기증 나는 경험이 될 수 있음을 인정했습니다. 익숙한 지도와 나침반 없이 바다에 떠 있는 느낌과 같을 것입니다. 『즐거운 학문』에서 그는 이런 상황을 '무한한 바다로 나아가는 배'에 비유했습니다. 그러나 동시에, 그는 이것이 인류에게 전례 없는 자유와 창조적 가능성을 열어준다고 보았습니다. 더 이상 미리 정해진 경로나 외부 권위에 묶이지 않고, 우리는 진정으로 자유로운 존재로서 스스로의 가치와 의미를 창조할 수 있게 된 것입니다. 그는 이렇게 물었습니다.

> "절대적 권위로서의 신이 더 이상 없다면,
> 인간은 어떤 새로운 가능성을 품게 될 것인가?"

이 질문은 우리에게 큰 도전을 제시합니다. 더 이상 미리 정해진 목적이나 경로가 없다면, 우리는 스스로 우리 삶의 의미와 방향을 창조해야 합니다. 우리는 우리의 선택, 행동, 그리고 그 결과에 대해 완전한 책임을 져야 합니다.

피해자 의식에서 벗어나기

니체의 관점에서 보면, 현대인의 가장 흔한 함정 중 하나는 '피해자 의식'에 빠지는 것입니다. 이것은 자신의 불행이나 실패의 원인을 항상 외부 요인에서 찾는 태도입니다. '환경 때문에', '사회가 불공평해서', '좋은 기회가 없어서' - 이런 생각들은 우리를 자신의 삶에 대한 주체성과 책임에서 교묘하게 벗어나게 합니다.

『도덕의 계보학』에서 니체는 이런 사고방식을 '노예 도덕(slave morality)'이라는 도전적인 개념으로 분석했습니다. 이것은 무력함과 원망의 심리에서 비롯된 태도로, 자신의 상황을 개선하기 위한 적극적인 행동 대신 불평과 비난에 에너지를 소비합니다.

니체는 이와 같은 감정을 단순한 분노나 질투로 보지 않았습니다. 그는 이 독특한 심리 상태를 가리켜 '르상티망(ressentiment)'이라 불렀습니다. 흥미롭게도 그는 독일어가 아닌 프랑스어 단어를 그대로 차용했는데, 그 이유는 이 감정이 단순한 '화'나 '원한'과는 다른, 힘없는 자가 자기 무력함을 외부 탓으로 돌리며 마음속에 곪아가는 독특한 정서를 가리키기 때문입니다.

이 르상티망은 시간이 지날수록 왜곡된 도덕으로 발전해, "강한 자는 나쁘고, 약한 나야말로 착하다"는 식의 도덕 기준을 만들어냅니다. 다시 말해, 자신의 고통을 직면하거나 변화시키기보다는, '그들 때문에 내가 이렇게 됐다'는 원한의 감정 속에 자신을 묶어두는 것이죠. 결국, 이 감정은 자신의 행동력과 책임감을 빼앗고, 스스로를 희생자 프레임에 가두게 만듭니다. 그리고 그것이 바로, 니체가 비판했던 노예 도덕의 본질입니다.

이와 대조적으로, 니체가 추구한 '주인 도덕(master morality)'은 자신의 삶에 대한 온전한 책임을 기꺼이 받아들이고, 외부 환경과 상관없이 자신의 반응을 선택할 수 있는 자유를 인식하는 태도입니다. 이것은 '내 인생은 내가 만든다'는 주체적인 자세로, 외부 상황이 아닌 자신의 내적 판단과 선택에 초점을 맞춥니다. 주인 도덕은 결코 다른 사람을 지배하는 것이 아니라, 자신의 삶의 주인이 되는 것을 의미합니다.

의미 창조하기

'신이 죽었다'는 선언의 가장 중요하고 혁명적인 함의는 바로 의미 창조의 필요성과 가능성입니다. 전통적으로 삶의 의미와 목적은 종교, 전통, 문화와 같은 외부 원천에서 찾았습니다. 그러나 이제 절대적 권위가 사라진 세계에서, 우리는 스스로 우리 삶에 의미를 부여해야 합니다. 이것은 두려운 도전이면서도, 전례 없는 자유와 창조적 가능성을 제공합니다. 니체는 『차라투스트라는 이렇게 말했다』에서 이런 통찰을 남겼습니다.

"이제 당신이 직접 당신 삶의 의미를 창조하는 사람이 되어라."

이것은 기존의 가치와 의미를 수동적으로 받아들이는 대신, 자신만의 가치와 의미를 적극적으로 창조하라는 촉구입니다. 이런 의미 창조는 미리 정해진 경로를 따르는 것보다 훨씬 더 힘들고 불확실합니다. 그것은 끊임없는 질문, 성찰, 그리고 때로는 외로움을 수반합니다. 하지만 니체에게 있어 이것은 진정으로 살아있는, 진정으로 자유로운 인간 존재의 핵심이었습니다.

자유로운 책임

여기서 중요한 것은, 니체가 말하는 책임이 단순한 의무나 억압적인 짐이 아니라는 점입니다. 오히려 그것은 자유의 표현이자, 자신의 삶을 진정으로 자신의 것으로 만드는 창조적 행위입니다. 그것은 '해야만 한다'는 외부적 강제가 아니라, '하고 싶다'는 내적 열망에서 비롯됩니다. 이런 의미에서 책임은 제한이 아니라 해방이며, 무거움이 아니라 가벼움입니다. 『즐거운 학문』에서 그는 이런 통찰을 남겼습니다.

"살아라, 마치 네가 다시 살고 싶은 것처럼."

이것은 자신의 선택과 행동에 진정한 의미를 부여하는 방법입니다. 당신의 삶을 자신이 다시 살고 싶을 만큼 의미 있고 가치 있게 만드는 것, 그것이 진정한 책임입니다. 이러한 관점에서, 책임은 제한이 아니라 해방입니다. 그것은 당신이 자신의 삶을 적극적으로 형성하고, 당신만의 가치와 의미를 창조할 수 있는 능력을 인정하는 것입니다.

존재의 거울: 수민이의 이야기

수민은 어려운 어린 시절을 보냈습니다. 부모님의 이혼, 경제적 어려움, 학교에서의 따돌림까지, 그녀의 삶은 결코 쉽지 않았습니다. 20대 내내, 그녀는 자신의 불행을 부모님이나 학교, 사회 탓으로 돌렸습니다. "내가 이렇게 된 건 내 탓이 아니야"라는 말이 그녀의 입버릇이었습니다.

그녀는 여러 직업을 전전했지만, 어디서도 오래 머물지 못했습니다. 관계에서도 비슷한 패턴이 반복되었습니다. 그녀는 항상 자신이 상처받은 희생자라고 느꼈고, 주변 사람들에게 이를 끊임없이 상기시켰습니다.

그러던 어느 날, 수민은 우연히 한 철학 강연에 참석하게 되었습니다. 강연자는 니체의 "신은 죽었다"라는 말을 인용하며, 이것이 단순한 무신론적 선언이 아니라 자신의 삶에 대한 책임에 관한 것이라고 설명했습니다.

"과거의 사건들은 당신의 탓이 아닐 수 있습니다. 하지만 그것에 어떻게 반응하고 앞으로의 삶을 어떻게 살아갈지는 온전히 당신의 책임입니다." 강연자가 말했습니다. "더 이상 신이나 부모님, 사회를 탓하지 마세요. 그들이 아닌, 당신이 당신 삶의 창조자입니다."

이 말은 수민의 마음을 강하게 울렸습니다. 그녀는 평생 자신을 희생자로 여겨왔고, 그것이 그녀를 얼마나 무력하게 만들었는지 처음으로 깨닫기 시작했습니다. 강연 후, 그녀는 니체의 책 몇 권을 구입했고, 특히 『차라투스트라는 이렇게 말했다』와 『즐거운 학문』에 깊이 빠져들었습니다.

한 구절이 특히 그녀의 마음을 사로잡았습니다.

"나를 죽이지 않는 것은 나를 더 강하게 만든다."

수민은 자신이 겪은 어려움이 그녀를 약하게 만든 것이 아니라, 그녀에게 특별한 강인함과 공감 능력을 부여했다는 것을 깨달았습니다.

그녀는 자신의 삶에 대한 새로운 관점을 발전시키기 시작했습니다. 그녀는 일기를 쓰기 시작했고, 그 안에 "내가 통제할 수 없는 것"과 "내가 통제할 수 있는 것"이라는 두 개의 목록을 만들었습니다. 첫 번째 목록에는 과거의 사건들, 다른 사람들의 행동, 사회적 상황 등이 포함되었습니다. 두 번째 목록에는 그녀의 반응, 선택, 태도, 행동이 포함되었습니다.

점차적으로, 수민은 두 번째 목록에 더 많은 에너지를 쏟기 시작했습니다. 그녀는 더 이상 과거나 다른 사람들을 탓하지 않고, 대신 "지금 이 상황에서 내가 할 수 있는 최선은 무엇인가?"라고 자문했습니다.

그녀는 상담사가 되기 위한 교육을 시작했습니다. 자신의 어려운 경험이 다른 사람들을 도울 수 있는 깊은 이해와 공감 능력의 원천이 될 수 있다고 믿었습니다. 교육 과정 중, 그녀는 자신과 비슷한 배경을 가진 젊은이들을 위한 프로그램을 개발했습니다.

3년 후, 수민은 성공적인 상담사가 되었고, 특히 청소년들과의 작업에서 탁월한 능력을 보였습니다. 그녀는 종종 니체의 말을 인용하며 내담자들에게 자신의 삶에 대한 책임을 받아들이는 것의 중요성을 강조했습니다.

어느 날, 그녀의 오랜 친구가 물었습니다. "어떻게 그렇게 많이 바뀔 수 있었어? 예전에는 항상 불행하고 분노에 차 있었는데, 이제는 정말 달라 보여."

수민은 미소를 지으며 대답했습니다. "나는 내 삶의 작가가 되기로 결심했어. 더 이상 나는 내 이야기의 희생자가 아니라, 창조자야. 나를 규정하는 '신은 죽었어'. 나는 더 이상 외부의 힘이나 과거의 상처에 내 행복과 성취를 맡기지 않을거야. 내 삶은 내 책임이고, 그것이 나를 자유롭게 만들었어."

수민의 이야기는 자신의 삶에 책임을 지는 것이 어떻게 무력감과 원망에서 벗어나 진정한 자유와 의미를 찾는 길이 될 수 있는지 보여줍니다. 니체의 철학에서 영감을 받아, 그녀는 자신의 과거에 의해 정의되는 것이 아니라, 자신의 선택과 행동으로 자신의 미래를 창조하는 법을 배웠습니다.

✦ 초인을 향한 발걸음

1. **책임과 비난 구분하기**: 자신의 삶에 책임을 진다는 것은 자신을 비난한다는 의미가 아닙니다. 책임은 과거에 대한 죄책감이 아니라, 현재와 미래에 대한 자기 행동력(agency)입니다. "이것은 내 탓이다"가 아닌 "이것은 내가 대응할 수 있는 것이다"라는 마음가짐을 기르세요.

2. **통제 영역 인식하기**: 스토아 철학자들의 조언처럼, 당신이 통제할 수 있는 것(당신의 생각, 태도, 행동, 반응)과 통제할 수 없는 것(타인의 행동, 과거의 사건, 많은 외부 상황)을 구분하세요. 당신의 에너지를 통제할 수 있는 영역에 집중하세요.

3. **언어 변화시키기**: "나는 ~할 수 없어"라는 말 대신 "나는 ~를 선택하지 않아"라는 표현을 사용해 보세요. 이런 작은 언어적 변화가 당신의 자기 인식과 책임감에 큰 영향을 미칠 수 있습니다. 또한 "내가 ~해야 한다"보다는 "나는 ~하기로 결정했다"와 같은 표현을 사용하세요.

4. **일일 성찰 실천하기**: 매일 저녁, 그날의 선택과 행동을 돌아보는 시간을 가지세요. "오늘 나는 어떤 선택을 했는가?", "그 선택의 결과는 무엇인가?", "내일은 어떻게 다르게 할 수 있을까?"

라고 자문해 보세요. 이런 성찰이 책임감 있는 삶의 기초가 됩니다.

5. 가치 탐색하기: 당신이 진정으로 가치 있게 여기는 것이 무엇인지 탐색하세요. 외부의 기대나 사회적 압력이 아닌, 당신 자신의 깊은 가치와 열망을 발견하세요. 이것이 당신만의 의미를 창조하는 첫 단계입니다.

6. 작은 결정부터 시작하기: 자신의 삶에 책임지는 것은 처음에는 부담스러울 수 있습니다. 작은 영역에서부터 시작하세요. 일상의 습관, 시간 관리, 또는 취미와 같은 간단한 영역에서 더 의식적인 선택을 하는 연습을 하세요.

7. 희생자 사고방식 경계하기: 자신이 희생자라는 생각이 들 때마다 그것을 인식하고 질문하세요. "이 상황에서 내가 할 수 있는 것은 무엇인가?", "어떻게 이것을 성장의 기회로 전환할 수 있을까?"와 같은 질문이 도움이 될 수 있습니다.

8. 미래 지향적 사고하기: 과거의 상처나 불의에 집착하는 대신, 미래에 초점을 맞추세요. "이제부터 내가 원하는 삶을 어떻게 창조할 수 있을까?"라고 자문하세요. 과거는 바꿀 수 없지만, 미래는 당신의 선택에 달려 있습니다.

"신은 죽었다! 신은 이제 없다!
그리고 우리가 그를 죽였다!
우리 인간이 바로 이 거대한 살인을 저질렀다!
이제 우리는 어떻게 이 엄청난 책임을 짊어지고
살아가야 할 것인가?"

『즐거운 학문』

10장

운명을 사랑한다
"아모르 파티(Amor fati)"

——— 인생에는 우리가 골라서 택한 것이 아닌 것들이 정말 많습니다. 우리는 언제, 어디서, 어떤 부모님 밑에서 태어날지 선택하지 않았죠. 우리의 타고난 재능과 한계, 성격의 많은 부분, 그리고 살면서 마주치는 수많은 상황들... 이런 것들은 우리가 마음대로 통제할 수 없습니다.

이런 현실 앞에서 우리는 어떻게 반응할 수 있을까요? 화를 낼 수도 있고, 불평할 수도 있고, 그냥 체념할 수도 있겠죠. 하지만 니체는 이 모든 반응을 뛰어넘는 놀라운 태도를 제안했어요. "아모르 파티(Amor fati)" - 운명을 사랑하기. 그의 말을 들어보겠습니다.

"나는 점점 더 그것을 보고 있어
- 앞으로 내 철학의 본질이 될 것은 '운명을 사랑하기',
바꿀 수 없는 것을 사랑하는 것이야.
아모르 파티: 이것이 나의 가장 내밀한 본성이야."

이것은 단순한 체념이나 순응이 아닙니다. 그것은 삶의 모든 측면 - 기쁨과 고통, 성공과 실패, 행운과 불운 - 을 적극적으로 긍정하고 사랑하는 태도입니다. 이것은 니체 철학의 가장 아름다운 측면 중 하나이자, 아마도 가장 도전적인 가르침일 것입니다.

운명을 사랑하기(Amor fati)의 의미

'운명을 사랑하기'란 무엇일까요? 그것은 단순히 운명을 받아들이는 것(acceptance)을 넘어, 그것을 사랑하는 것(love)입니다. 이것은 스토아 철학자들의 '운명에 순응하라'에서 한 걸음 더 나아간 혁명적인 태도입니다. 그것은 삶의 모든 측면 - 우리가 선택한 것과 선택하지 않은 것, 기쁨과 고통, 황홀감과 슬픔 - 에 대한 전적인 긍정을 의미합니다. 니체는 『이 사람을 보라』에서 이렇게 설명했습니다.

> "인간의 위대함은 바로 이거야: 아모르 파티.
> 사람은 바꿀 수 없는 것을 그냥 참기만 하는 게 아니라,
> 정말로 사랑해야 해.
> 필요한 건 단지 견디는 게 아니야.
> 환상 없이 있는 그대로 받아들이고,
> 그것을 사랑하는 거지."

이 태도는 삶의 모든 측면에 대한 깊은 긍정을 의미합니다. 그것은 "이것만 달랐더라면"이나 "왜 하필 나에게"라는 생각을 넘

어서는 것입니다. 그것은 삶이 주는 모든 것 — 좋은 것과 나쁜 것, 쉬운 것과 어려운 것 — 을 환영하고 그것들이 당신을 형성하는 필수적인 부분임을 인식하는 것입니다.

긍정의 힘

운명을 사랑한다는 것은 수동적인 태도가 아닙니다. 그것은 깊은 삶의 긍정이자, 현실을 있는 그대로 받아들이고 그것과 창조적으로 관계하는 방법입니다. 『차라투스트라는 이렇게 말했다』에서 니체는 이렇게 말합니다.

"그렇다, 나는 모든 것에 대해,
모든 이들에게 다시 한 번 '예'라고 말하고 싶어.
그것이 영원한 승인과 확증의 인장이지."

이 "예"라는 말은 단순한 동의가 아니라, 삶의 모든 측면을 포용하는 창조적 긍정입니다. 그것은 우리가 마주하는 모든 도전, 장애물, 고통조차도 우리 삶의 필수적인 부분으로 인식하고, 그것들과 창조적으로 관계하는 태도입니다.

선택적 긍정의 함정

니체는 선택적 긍정, 즉 삶의 좋은 부분만 받아들이고 나쁜 부분은 거부하는 태도를 경계했습니다. 『선과 악을 넘어서』에서 그는 이렇게 말합니다.

"어떤 부분을 부정하고 다른 부분을 긍정할 때,
우리는 삶의 총체성을 잃는다."

이것은 매우 심오한 통찰입니다. 우리는 종종 삶을 편집하고 싶어합니다. 고통 없는 기쁨, 실패 없는 성공, 투쟁 없는 성취를 원합니다. 하지만 니체에 따르면, 이것은 불가능할 뿐만 아니라 바람직하지도 않습니다. 삶의 모든 측면은 복잡하게 서로 연결되어 있습니다. 마치 위대한 교향곡에서 조용한 부분과 강렬한 부분, 조화로운 화음과 불협화음이 모두 필요한 것처럼, 우리의 삶에서도 기쁨과 고통, 성공과 실패, 안정과 혼돈이 모두 필요합니다. 우리의 고통과 실패는 종종 우리의 가장 큰 성장과 깊이의 원천이 됩니다.

아모르 파티는 삶의 모든 측면을 포용하는 태도입니다. 그것은 '나는 이 순간, 이 경험, 이 감정, 심지어 이 고통까지도 사랑한다'라고 말할 수 있는 능력입니다. 이것은 쉽지 않은 태도이지만, 니체에 따르면 진정한 자유와 충만함으로 가는 길입니다.

영원히 반복되는 삶과 운명을 사랑하기

니체의 '영원히 반복되는 삶(eternal recurrence)' 개념은 운명을 사랑하기(amor fati) 사상과 깊이 연결되어 있습니다. 이 두 개념은 서로를 강화하고 보완합니다. 영원히 반복되는 삶은 우리가 현재의 삶을 정확히 같은 방식으로 영원히 반복해서 살아야 한다면 어떨지 상상해보는 사고 실험입니다. 그것은 우리 삶의 모든 순간과 선택에 엄청난 무게와 의미를 부여합니다.

이 관점에서, 운명을 사랑하기는 단순히 한 번의 삶을 체념적으로 수용하는 것이 아니라, 그 삶의 모든 순간을 - 기쁨과 고통까지도 포함하여 - 영원히 반복해도 좋을 만큼 깊이 사랑하고 긍정하는 것입니다. 이것은 삶에 대한 가장 강렬한 긍정의 형태입니다. 니체는 『즐거운 학문』에서 이렇게 묻습니다.

"네가 이 순간과 다음 순간 사이에
영원히 다시 살아야 한다는 말을 들었다면,
어떤 반응을 보였을까?"

이 질문은 우리의 삶에 엄청난 무게를 부여합니다. 그것은 우리가 모든 순간, 모든 선택, 모든 경험을 — 심지어 가장 고통스러운 것들까지도 — 긍정하고 사랑할 수 있는지 물어봅니다.

운명을 사랑하기의 자유

역설적이게도, 니체에게 있어 운명을 사랑하는 것은 가장 큰 자유의 표현입니다. 『인간적인, 너무나 인간적인』에서 그는 이렇게 말합니다.

"피할 수 없는 필연적 조건을 사랑하는 법을 배울 때,
역설적으로 진정한 자유를 얻게 된다."

이것은 어떻게 가능할까요? 우리가 피할 수 없는 것들에 저항하고 불평할 때, 우리는 사실 그것들에 묶여 있습니다. 우리의 에너지는 현실을 부정하는 데 소비되고, 우리는 변화시킬 수 없는 것을 변화시키려는 시도에 갇힙니다.

그러나 우리가 운명, 즉 바꿀 수 없는 현실을 온전히 받아들이고 심지어 사랑하기 시작할 때, 놀라운 변화가 일어납니다. 우리는 그 현실과 더 창조적으로 관계할 수 있는 내적 자유를 얻게 됩니다. 우리는 '이것이 내 현실이다. 이제 나는 이것과 어떻게 관계할 것인가?'라고 물을 수 있게 됩니다. 저항과 부정에 소비되던 에너지가 이제 창조와 변형을 위해 사용될 수 있게 되는 것입니다.

이것이 바로 니체가 말하는 진정한 자유, 즉 주어진 조건 안에서 창조적으로 반응할 수 있는 자유입니다. 그것은 현실을 도피하는 자유가 아니라, 현실과 깊이 관계하는 자유입니다. 마치 음악가가 악기의 물리적 한계를 받아들이면서도 그 안에서 아름다운 음악을 창조하는 것과 같습니다.

존재의 거울: 미나의 이야기

미나는 서울 예술계에서 가장 유망한 젊은 피아니스트 중 한 명이었습니다. 일곱 살 때부터 피아노를 연주한 그녀는 10대 시절

이미 국내외 여러 콩쿠르에서 상을 받으며 두각을 나타냈습니다. 음악평론가들은 그녀를 '한국의 마르타 아르헤리치'라고 부르기도 했습니다. 그녀의 터치는 놀라울 정도로 섬세하면서도 강렬했고, 특히 쇼팽과 리스트 연주에서 독보적인 해석을 선보였습니다.

27살, 미나의 인생은 완벽한 궤도에 올라 있는 것 같았습니다. 그녀는 오랫동안 꿈꿔왔던 유럽 투어를 앞두고 있었고, 몇몇 유명 레이블에서 데뷔 앨범 제안도 받고 있었습니다. 꿈만 같던 그 순간, 모든 것이 한순간에 무너졌습니다.

비 오는 어느 날 밤, 연습실에서 돌아오던 미나는 교통사고를 당했습니다. 충돌의 충격으로 그녀의 오른손 신경이 심하게 손상되었고, 여러 수술에도 불구하고 의사들은 그녀가 다시는 전문적인 수준으로 피아노를 연주할 수 없을 것이라고 판단했습니다.

이 소식은 미나에게 단순한 실망을 넘어선 실존적 충격이었습니다. 그녀에게 피아노는 단순한 직업이 아니라 정체성 그 자체였습니다. 그것은 그녀가 세상과 소통하는 주요 방식이었고, 자신을 표현하는 언어였습니다. 그것을 잃는다는 것은 자신의 목소리를 잃는 것과 같았습니다.

처음 몇 개월 동안, 미나는 완전한 절망과 분노의 나락으로 떨어졌습니다. 그녀는 '왜 하필 나에게?'라는 질문을 끊임없이 되풀이했고, 운명의 잔인함에 대한 분노로 가득 찼습니다. 그녀는 더 이상 피아노를 칠 수 없다는 현실을 받아들일 수 없었고, 심지어 음악을 듣는 것조차 감당할 수 없었습니다. 그녀의 피아노는

천으로 덮여 집 한구석에 방치되었고, 그녀가 받은 모든 상장과 트로피는 창고로 옮겨졌습니다.

미나의 삶은 멈춰 선 것 같았습니다. 그녀는 아침에 일어날 이유를 찾지 못했고, 밤에는 약의 도움 없이는 잠들지 못했습니다. 그녀는 점점 더 자신을 고립시켰고, 친구들과 가족들조차 어떻게 그녀에게 다가가야 할지 몰랐습니다.

어느 날 오후, 물리치료를 위해 병원에 간 미나는 대기실에서 우연히 한 책을 발견했습니다. 표지가 닳고 모서리가 접힌 오래된 책이었습니다. 무심코 집어든 그 책은 니체의 『즐거운 학문』이었습니다. 지루한 대기 시간을 보내기 위해 무작정 페이지를 넘기던 그녀의 시선이 한 구절에 멈췄습니다.

<u>"나는 점점 더 그것을 보고 있다</u>
<u>- 앞으로 내 철학의 본질이 될 것은 '운명을 사랑하기',</u>
<u>바꿀 수 없는 것을 사랑하는 것이다."</u>

그 순간, 마치 어둠 속에서 불빛을 본 것처럼, 미나는 무언가에 깊이 울림을 받았습니다. 그녀는 처음으로 자신의 상황을 다른 시각에서 바라보기 시작했습니다. '내가 이 현실을 바꿀 수 없다면, 어쩌면 이것을 받아들이고 심지어 이것과 다른 방식으로 관계를 맺을 수 있을까?'

그녀는 니체의 책을 더 깊이 읽기 시작했고, 특히 '아모르 파티'

의 개념에 매료되었습니다. 이것은 단순히 상황을 체념적으로 받아들이는 것이 아니라, 그것을 적극적으로 긍정하고 심지어 사랑하는 태도였습니다. 미나는 자신에게 물었습니다. "내 손의 상태를 내가 바꿀 수 없다면, 이 현실 속에서 내가 할 수 있는 것은 무엇일까?"

그녀는 천천히 음악과의 새로운 관계를 탐색하기 시작했습니다. 전문적인 연주는 어렵게 되었지만, 여전히 음악 이론에 대한 깊은 지식을 가지고 있었습니다. 그렇게 음악 교육에 관심을 돌리기 시작했고, 특히 어린이들을 가르치는 데 집중했습니다.

처음에는 다른 사람들이 연주하는 것을 가르치는 것이 고통스러웠지만, 점차 학생들의 성장과 발전에서 새로운 종류의 기쁨을 발견했습니다. 특히 음악적 재능은 있지만 경제적으로 어려운 아이들을 위한 프로그램을 시작했고, 이것이 그녀에게 깊은 만족감을 주었습니다.

몇 년 후, 미나는 왼손만을 위한 피아노 곡들을 발견했습니다. 라벨, 스크리아빈, 바르톡 같은 유명 작곡가들이 작곡한 이 곡들은 그녀에게 연주의 새로운 가능성을 열어주었습니다. 그녀는 왼손 연주를 연습하기 시작했고, 놀랍게도 왼손은 이전보다 더 민감하고 표현력 있게 발전했습니다.

시간이 지나면서, 미나는 자신의 경험을 바탕으로 한 독특한 교수법을 개발했습니다. 그녀는 신체적 제한이 있는 학생들을 위한 특별한 접근 방식을 만들었고, 그녀의 방법은 음악 교육계에서 혁신적인 것으로 인정받기 시작했습니다.

40세가 되었을 때, 미나는 "한 손의 음악: 제한을 넘어선 표현"이라는 책을 출간했습니다. 이 책에서 그녀는 자신의 여정을 나누며, 니체의 '아모르 파티' 개념이 어떻게 자신의 삶을 변화시켰는지 설명했습니다.

"내 손의 상태를 바꿀 수는 없었지만, 그것과의 관계를 바꿀 수 있었습니다. 저는 더 이상 '왜 나에게?'라고 묻지 않고, '이제 어떻게?'라고 묻기 시작했습니다. 저는 제 운명을 사랑하는 법을 배웠고, 그것이 저를 자유롭게 했습니다. 제 손의 제한은 사라지지 않았지만, 그것은 더 이상 저를 정의하지 않습니다. 오히려 그것은 저를 더 깊고, 더 창의적이며, 아마도 더 공감 능력 있는 음악가와 교육자로 만들었습니다."

오늘날 미나는 국제적으로 인정받는 음악 교육자이자 왼손 피아노의 전문가입니다. 그녀는 종종 특별한 콘서트를 열어 왼손만을 위한 곡들을 연주하고, 이 독특한 레퍼토리에 대한 관심을 높이는 데 기여하고 있습니다. 그녀의 제자들 중 많은 이들이 유명한 음악가가 되었고, 특히 신체적 제한을 가진 음악가들에게 그녀는 영감의 원천이 되었습니다.

미나는 종종 이렇게 말합니다.

"저는 제가 선택하지 않은 운명을 만났습니다. 하지만 그 운명을 어떻게 사랑할지는 제가 선택했습니다. 그리고 그 선택이 제 삶을 변화시켰습니다."

운명을 사랑한다는 것은 고정된 자아관을 넘어, 끊임없이 변화하는 자신을 포용하고 그 변화 과정 자체를 사랑하는 것을 의미합니다.

✦ 초인을 향한 발걸음

1. **현실 인정하기**: 운명을 사랑하는 첫 번째 단계는 현실을 있는 그대로 인정하는 것입니다. 바꿀 수 없는 상황, 타고난 특성, 과거의 사건들을 정직하게 바라보세요. 이것은 항상 편안하지는 않지만, 모든 진정한 변화의 시작점입니다. "이것이 지금의 현실이다"라고 인정하면서 시작하세요.

2. **저항 알아차리기**: 현실에 대한 저항을 알아차리세요. "이러면 안 돼", "이건 불공평해", "왜 하필 나에게" 같은 생각이 들 때, 그것을 판단하지 말고 관찰하세요. 이런 저항이 당신에게 어떤 느낌을 주는지, 그것이 상황을 어떻게 변화시키는지(또는 변화시키지 않는지) 알아차리세요.

3. **질문 바꾸기**: "왜?"에서 "어떻게?"로 질문을 바꾸세요. "왜 이런 일이 일어났을까?"보다 "이 상황에서 어떻게 의미 있게 반응할 수 있을까?"라고 물어보세요. 이런 질문의 전환은 무력감에서 행동력으로, 희생자에서 창조자로 당신의 관점을 바꿔줍니다.

4. **감사 실천하기**: 매일 당신의 '운명'의 측면들에 감사하는 연습을 하세요. 여기에는 당신이 선택하지 않은 것들도 포함됩니다: 당신의 신체, 타고난 재능, 심지어 당신이 겪은 어려움까지도.

그것들이 어떻게 당신을 형성했고, 당신에게 어떤 강점과 통찰력을 주었는지 생각해 보세요.

5. 창조적으로 반응하기: 주어진 조건 안에서 창조적으로 반응하는 연습을 하세요. 제한은 종종 창의성의 촉매제가 됩니다. "이 상황에서 내가 만들 수 있는 것은 무엇인가?", "이 제한을 어떻게 강점으로 전환할 수 있을까?"라고 자문해 보세요.

6. 실패를 교훈으로 보기: 실패와 실수를 당신 이야기의 필수적인 부분으로 받아들이세요. 그것들 없이는 당신이 지금의 당신이 될 수 없었다는 것을 인식하세요. 각 실패에서 무엇을 배웠는지, 그것이 어떻게 당신을 성장시켰는지 생각해 보세요.

7. '그리고' 사고방식 기르기: '하지만' 대신 '그리고'를 사용하세요. "나는 이 제한이 있지만, 여전히 행복할 수 있어"가 아니라 "나는 이 제한이 있고, 이것이 나를 더 창의적이고 회복력 있게 만들었어"라고 생각하세요. 이런 작은 언어적 변화가 당신의 관점을 크게 바꿀 수 있습니다.

8. 하루에 한 번 '예'라고 말하기: 하루에 한 번, 당신의 삶의 어떤 측면 - 특히 당신이 저항을 느끼는 부분 - 에 의식적으로 "예"라고 말해보세요. 이것은 그것을 좋아한다는 뜻이 아니라, 그것이

당신 삶의 일부라는 것을 인정하고 받아들인다는 의미입니다. 점차 이 '예'가 더 진실되고 깊어질 수 있습니다.

"아모르 파티!
이것이 나의 가장 내밀한 본성이다.
필요한 것은
단지 필연적인 것을 견디는 것이 아니라,
그것에 대해 어떤 환상도 갖지 않고
그것을 사랑하는 것이다."

『이 사람을 보라』

11장

어제의 나를 버려야 오늘의 내가 된다
"인간은 뛰어넘어야 할 존재이다."

─────── 5년 전의 여러분과 지금의 여러분은 같은 사람인가요? 10년 전과 비교하면 어떨까요? 아마 정말 많이 달라졌을 거예요. 여러분의 생각, 가치관, 원하는 것, 두려워하는 것, 꿈꾸는 것, 인간관계… 이 모든 것이 시간이 지나면서 변했을 테니까요. 그런데도 우리는 종종 자신을 바뀌지 않는 고정된 존재로 생각하는 함정에 빠져요. "나는 원래 이런 사람이야"라고 말하면서, 마치 우리의 정체성이 바위에 새겨진 글자처럼 영원히 같을 거라고 생각하죠.

니체는 이런 고정된 자아관을 철학의 큰 오류로 보고 강력하게 거부했습니다. 그에게 있어 인간은 결코 완성된 존재가 아니라, 끊임없이 '되어가는 중인(becoming)' 존재, 항상 변화하고 성장하고 자신을 초월해가는 과정에 있는 존재였습니다. 그는 『차라투스트라는 이렇게 말했다』에서 인간의 본질적인 특성을 이렇게 표현했습니다.

"인간은 현재의 자신을 항상 뛰어넘어 성장해야 할 존재이다."

이 간결하지만 강렬한 선언은 니체 철학의 핵심을 담고 있습니다. 인간은 단순히 '있는(being)' 존재가 아니라 항상 '되어가는(becoming)' 존재라는 것, 우리의 본질은 정적인 상태가 아니라 끊임없는 자기 초월의 과정에 있다는 것입니다. 이것은 우리가 결코 '완성된' 존재가 아니라는 것, 우리의 삶은 계속되는 창조와 변화의 여정이라는 것을 의미합니다. 니체에게 있어 인간의 위대함은 바로 이 자신을 뛰어넘기(self-overcoming)의 능력에 있습니다.

고정된 자아의 환상

우리는 자주 자신을 변하지 않는 존재로 생각해요. "난 내성적인 사람이야", "난 창의력이 없어", "난 수학에 재능이 없어"... 이런 자기 정의는 우리의 가능성을 제한하고, 우리를 특정한 모습에 가둬버려요. 니체는 이런 통찰을 남겼어요.

> "변하지 않는 '나'라는 것은 사실 허구에 가깝다.
> 끊임없이 변화하는 세계 속에서
> 영원히 고정된 '자아'란 존재할 수 없다."

이 도전적인 통찰은 불교의 '무아(無我)' 개념과도 공명합니다. 이것은 '나'라는 것이 실재하지 않는다는 뜻이 아니라, 고정되고 불변하는 자아라는 개념이 환상이라는 의미입니다. 우리는 끊임없이 변화하고 있으며, 매 순간 새로운 경험과 선택을 통해 자신을 재창조하고 있습니다.

이런 관점에서 보면, "나는 이런 사람이야"라는 진술은 제한적인 함정이 될 수 있습니다. 그것은 당신의 가능성을 제한하고, 당신을 과거의 패턴과 습관에 묶어둡니다.

자신을 뛰어넘기의 철학

니체 철학의 핵심 개념 중 하나인 '자신을 뛰어넘기(self-overcoming)'는 단순한 자기 개선이 아닌, 훨씬 더 근본적인 과정을 의미합니다. 그것은 우리가 현재의 자신, 우리의 한계와 믿음, 심지어 우리가 소중히 여기는 가치까지도 계속해서 초월해가는 끝없는 과정입니다. 이것은 마치 뱀이 자신의 옛 껍질을 벗어버리고 새로운 자신으로 태어나는 것과 같습니다. 『차라투스트라는 이렇게 말했다』에서 그는 이런 통찰을 남겼습니다.

"나는 여러분에게 초인(Übermensch)의 가능성을 가르친다."

초인은 니체가 그린 인간의 이상적 모습으로, 기존의 가치와 한계를 넘어서서 끊임없이 자신을 창조하고 초월하는 존재를 의미합니다. 여기서 '초인'은 슈퍼히어로나 초월적 존재가 아니라, 자신의 잠재력을 실현하고 자신만의 가치를 창조하는 온전히 인간적인 이상을 가리킵니다. 이것은 도달해야 할 고정된 상태가 아니라, 끊임없는 변화와 성장, 자기 초월의 과정입니다.

니체에게 있어 인간의 위대함은 바로 이 자신을 뛰어넘기의 능력에 있습니다. 우리는 단순히 주어진 조건과 한계 내에서 살아가는 것이 아니라, 그것들을 극복하고 초월할 수 있는 존재입니다.

지속적인 자기 창조

자신을 뛰어넘기의 개념은 지속적인 자기 창조의 과정으로 이어집니다. 니체는 『즐거운 학문』에서 이런 통찰을 남겼습니다.

"우리는 스스로를 끝없는 실험과 창조의
대상으로 삼아야 한다."

이것은 우리가 자신을 고정된 존재가 아니라, 계속해서 형성되고 있는 작품으로 볼 때 가능합니다. 우리는 자신의 삶의 예술가이자 창조자가 되어, 끊임없이 자신을 재발명하고 새롭게 만들어 갈 수 있습니다. 이런 관점에서, 실패와 실수는 더 이상 두려운 것이 아닙니다. 그것들은 단지 실험의 일부, 우리가 자신에 대해 배우고 성장하는 과정의 자연스러운 측면입니다.

변화의 수용

지속적인 변화를 받아들이는 것은 쉽지 않습니다. 우리는 안정과 일관성을 원하는 경향이 있고, 자신이 누구인지에 대한 확고한 감각을 갖고 싶어합니다. 그러나 니체에 따르면, 진정한 자유와 성장은 이런 고정된 자아관을 버리고, 끊임없는 변화의 과정을 받아들일 때 옵니다. 『즐거운 학문』에서 그는 이런 통찰을 남겼습니다.

> "현재의 자아에 대한 집착을 내려놓는 사람만이
> 자신의 더 깊고 진정한 본질을 발견할 수 있다."

이것은 우리가 현재의 자아에 대한 집착을 놓아주고, 변화와 성장의 가능성을 열어둘 때, 우리의 더 깊고 진정한 잠재력을 발견할 수 있다는 의미입니다. 변화를 수용한다는 것은 우리가 누구였는지, 누구인지, 그리고 누구가 될 수 있는지에 대한 더 유연하고 개방적인 관점을 갖는 것을 의미합니다. 그것은 과거의 자아를 존중하면서도, 그것에 묶이지 않는 것입니다.

존재의 거울: 정석의 이야기

정석은 40대 중반의 성공한 변호사였습니다. 서울의 대형 로펌에서 20년 가까이 일하며, 그는 자신을 '이성적이고, 분석적이며, 항상 통제된' 사람으로 정의했습니다. 그는 자신의 감정을 드러내는 것을 불편해했고, 예술과 창의성은 '다른 종류의 사람들'을 위한 것이라고 생각했습니다. 그의 정체성은 철저히 그의 직업과 성공에 묶여 있었습니다.

그러던 어느 날, 정석은 심각한 건강 문제를 겪게 되었습니다. 의사는 그에게 스트레스를 줄이고 삶의 방식을 바꿀 것을 강력히

권고했습니다. 이것은 그에게 큰 충격이었습니다. 그는 자신의 직업이 자신을 정의한다고 느꼈고, 그것이 없다면 자신이 누구인지 더 이상 확신할 수 없었습니다.

강제된 휴식 기간 동안, 정석은 처음으로 자신의 내면을 들여다볼 시간을 가졌습니다. 그의 아내 미경은 그를 돕기 위해 다양한 책들을 가져왔고, 그중에는 대학 시절 철학 수업에서 접했지만 바쁜 법조인 생활 중에는 잊고 지냈던 니체의 『차라투스트라는 이렇게 말했다』도 있었습니다. 처음에 정석은 이 '비실용적인' 책을 회의적으로 바라보았지만, 시간이 지나면서 한 구절이 그의 마음을 강하게 사로잡았습니다.

"인간은 뛰어넘어야 할 존재다."

이 구절은 정석에게 깊은 울림을 주었습니다. 그는 자신이 얼마나 자신의 정체성을 직업과 성공이라는 좁은 틀에 가두어 두었는지 깨닫기 시작했습니다. 니체의 글을 더 읽으면서, 그는 자신이 '완성된' 사람이 아니라, 계속해서 변화하고 성장할 수 있는 존재라는 가능성을 받아들이기 시작했습니다. "내가 지금까지 나 자신이라고 생각했던 것은 단지 내 존재의 한 측면에 불과할 수 있다"라는 생각이 그에게 점점 더 강하게 다가왔습니다. 건강이 회복되면서, 정석은 자신의 삶에 새로운 측면을 탐색하기 시작했습니다. 처음으로 그는 어릴 적에 잠시 관심을 가졌던 그림 그리기

수업에 등록했습니다. 처음에는 어색하고 불편했지만, 점차 그는 그림 그리기에서 예상치 못한 기쁨과 평화를 발견했습니다. 물감과 캔버스를 통해, 그는 이전에는 억누르고 부정했던 자신의 창의적이고 직관적인 측면을 표현할 수 있었습니다.

정석은 또한 로펌으로 복귀한 후 업무 방식을 바꾸었습니다. 그는 더 많은 프로보노 사건을 맡기 시작했고, 특히 환경 이슈와 사회 정의 문제에 관심을 갖게 되었습니다. 이전에는 이런 사건들을 수익성이 없다고 여겼지만, 이제 그는 자신의 기술을 의미 있는 변화를 위해 사용하는 데서 깊은 만족감을 느꼈습니다.

가장 놀라운 변화는 그의 관계에서 나타났습니다. 정석은 항상 감정을 드러내는 것을 어려워했고, 심지어 가족에게도 거리를 두었습니다. 하지만 이제 그는 조금씩 열리기 시작했습니다. 처음으로 그는 아내와 두 자녀에게 자신의 두려움, 희망, 사랑을 표현하기 시작했습니다. 이것은 쉽지 않았지만, 그 결과로 형성된 더 깊은 연결감은 그에게 말할 수 없는 기쁨을 가져다주었습니다.

2년 후, 정석의 친구들과 동료들은 그의 변화에 놀라움을 금치 못했습니다. 그는 여전히 뛰어난 변호사였지만, 이제 그는 더 균형 잡히고, 창의적이며, 정서적으로 개방적인 사람이 되었습니다. 그의 그림은 지역 갤러리에 전시되기 시작했고, 그는 젊은 환경 활동가들을 위한 멘토링 프로그램을 시작했습니다.

어느 날 저녁, 아내가 그에게 물었습니다. "당신은 이전의 삶이 그립지 않나요? 모든 것이 더 단순하고 명확했을 때요." 정석은 잠시 생각하다가 미소 지었습니다. "아니요, 그립지 않아요. 나는 내가 누구인지에 대한 더 좁은 정의에 갇혀 있었어요. 인간은 뛰어넘어야 할 존재입니다. 나는 이제 내가 고정된 존재가 아니라, 계속해서 변화하고 성장하는 과정에 있다는 것을 받아들이게 되었어요. 그리고 이것이 내게 진정한 자유를 주었습니다."

정석은 자신의 일기에 이렇게 적었습니다.

"나는 더 이상 내가 누구인지 확실히 알지 못한다. 그리고 이것이 가장 놀라운 선물이다. 나는 내가 될 수 있는 모든 가능성에 열려 있다. 내가 변호사라는 사실은 변하지 않았지만, 이제 그것은 나를 정의하는 전부가 아니라 내 존재의 한 측면일 뿐이다. 내일 나는 어떤 사람이 될까? 이 질문은 더 이상 나를 두렵게 하지 않는다. 오히려 그것은 나를 흥분시키고, 영감을 준다."

정석의 이야기는 계속 변화하는 자신을 받아들이는 것이 어떻게 더 풍요롭고 진정한 삶으로 이어질 수 있는지 보여줍니다. 그는 고정된 자아 이미지의 안전함을 포기하고, 니체가 말한 "자신을 뛰어넘기"의 여정을 받아들였습니다. 그 결과, 그는 자신의 더 깊고 다양한 측면들을 발견하고 표현할 수 있게 되었습니다.

계속 변화하는 자신을 받아들이고 끊임없이 자신을 뛰어넘는 삶을 살 때, 우리는 유한한 삶의 가치를 더 깊이 이해하게 됩니다. 죽음의 불가피성을 인식하는 것은 오히려 삶의 매 순간을 더 의미 있게 살아가는 원동력이 될 수 있습니다.

✦ 초인을 향한 발걸음

1. 자기 정의 질문하기: 당신이 자신에 대해 가진 고정된 생각들을 살펴보세요. "나는 ~한 사람이다"라는 문장들을 적어보고, 그것들이 얼마나 유연하고 변할 수 있는 것인지 고민해 보세요. 이런 자기 정의가 당신의 가능성을 어떻게 제한하고 있는지 살펴보세요.

2. 새로운 경험 시도하기: 의도적으로 당신의 '캐릭터'에 맞지 않는 활동이나 경험을 시도해 보세요. 당신이 "나는 창의적이지 않아"라고 생각한다면, 그림 수업을 듣거나 글쓰기를 시도해 보세요. 당신이 "나는 모험적이지 않아"라고 생각한다면, 작은 모험부터 시작해 보세요. 이런 실험들은 당신의 자아 개념을 확장시킵니다.

3. 과거 자아 존중하기: 당신의 과거 버전을 부정하거나 비난하지 말고, 그것을 당신 여정의 필요한 단계로 존중하세요. 과거의 당신이 가진 신념, 가치, 선택들이 당시의 상황에서 어떻게 의미가 있었는지 이해해 보세요. 이것은 당신이 변화하면서도 내적 일관성을 유지하는 데 도움이 됩니다.

4. 변화의 순간 기념하기: 당신이 변화하고 성장한 순간들을 인식하고 기념하세요. 일기를 쓰거나, 사진을 찍거나, 특별한 물건

을 모으는 등의 방법으로 이런 순간들을 기록할 수 있습니다. 이것은 당신의 삶이 고정된 상태가 아니라 계속되는 여정임을 상기시켜 줍니다.

5. **'되어가는 중'이라는 마음가짐 기르기**: 당신 자신을 '완성된' 존재가 아니라, '되어가는 중'인 존재로 바라보세요. "나는 ~이다"보다 "나는 ~해지고 있다"라는 표현을 더 자주 사용해 보세요. 예를 들어, "나는 내향적이다"보다 "나는 지금 더 내향적인 성향을 가지고 있다"라고 생각하세요. 이런 작은 언어적 변화가 당신의 자아관에 유연성을 더할 수 있습니다.

6. **다양한 자아 탐색하기**: 당신 안에 있는 다양한 '자아들'을 탐색해 보세요. 우리 모두는 상황에 따라 다른 측면들을 보입니다. 당신의 직업적 자아, 부모나 자녀로서의 자아, 친구로서의 자아, 혼자 있을 때의 자아 등을 살펴보세요. 이 다양한 측면들이 어떻게 모두 당신의 일부이면서도, 당신이 그 어떤 단일한 정의보다 더 크고 복잡한 존재임을 보여주는지 생각해 보세요.

7. **역할 실험하기**: 다양한 삶의 역할과 정체성을 실험해 보세요. 이것은 새로운 취미, 자원봉사, 다른 스타일의 옷, 또는 새로운 사회적 환경에 자신을 노출시키는 것을 포함할 수 있습니다. 각 경험이 당신의 자아 인식에 어떤 영향을 미치는지 관찰하세요.

8. 불확실성 포용하기: 변화의 과정에는 필연적으로 불확실성이 따릅니다. 이 불확실성을 두려워하기보다는, 그것을 성장과 발견의 필수적인 부분으로 받아들이세요. "내가 누구인지 모르겠어"라는 느낌이 들 때, 그것을 위기가 아닌 기회로 바라보세요. 이것은 당신이 자신을 뛰어넘기의 과정에 있다는 신호일 수 있습니다.

"인간은 뛰어넘어야 할 존재입니다.
너희는 뛰어넘기 위해 무엇을 했는가?"

『차라투스트라는 이렇게 말했다』

12장

죽음을 기억하며 오늘을 산다
"죽음을 두려워하지 않는 자만이 산다."

─────── 현대 사회에서 우리는 대체로 죽음에 대해 이야기하는 것을 꺼립니다. 너무 무겁고 불편한 주제이기 때문입니다. 첨단 의학과 편리한 기술로 둘러싸인 채, 우리는 죽음을 가능한 한 생각에서 멀리 밀어두려 합니다. 병원과 요양원은 죽음의 과정을 일상으로부터 분리시키고, 디지털 오락거리는 삶의 유한성에 대한 생각을 지우는 데 도움을 줍니다. 그러나 니체는 정반대의 접근법을 제안했습니다.

니체는 죽음에 대한 현대적 회피 태도와는 정반대의 접근법을 제안했습니다. 그는 우리가 죽음을 정면으로 바라보고, 그것을 삶의 불가피한 부분으로 받아들일 때 비로소 가장 충만하게 살 수 있다고 주장했습니다. 그의 도전적인 통찰을 들어봅시다.

"죽음을 직시하고 두려워하지 않는 사람만이
진정으로 충만하게 살 수 있다."

이것은 단순한 용기의 문제가 아닙니다. 니체는 죽음에 대한 우리의 태도가 삶에 대한 우리의 태도를 형성한다고 믿었습니다. 죽음을 부정하고 두려워할 때, 우리는 종종 삶도 충분히 살지 못합니다. 하지만 죽음을 인식하고 받아들일 때, 우리는 역설적으로 더 충만하게 살 수 있게 됩니다.

메멘토 모리 (Memento Mori)

'죽음을 기억하라'라는 뜻의 '메멘토 모리(Memento Mori)'는 고대 로마 시대부터 전해져 내려오는 깊은 지혜입니다. 로마에서는 개선장군이 승리의 행진을 할 때, 뒤에서 한 노예가 '당신도 언젠가는 죽는다는 것을 기억하라'고 속삭였다고 합니다. 이것은 일시적인 영광 속에서도 겸손과 필멸성을 상기시키기 위함이었습니다.

니체는 이 오래된 개념에 새로운 활력과 의미를 불어넣었습니다. 그에게 죽음을 기억한다는 것은 단순히 '아, 나도 언젠가 죽겠구나'라고 슬퍼하거나 체념하는 것이 아니라, 오히려 그 인식을 통해 삶을 더 강렬하게 긍정하는 것을 의미했습니다. 그는 이렇게 말했습니다.

> "죽음을 인식하는 순간, 삶의 모든 순간은
> 짧지만 놀랍도록 강렬한 빛으로 밝혀진다."

이 '죽음의 빛' 아래에서, 우리는 놀라운 명료함을 경험합니다. 일상의 사소한 걱정과 타인의 기대라는 안개가 걷히고, 우리는 무엇이 진정으로 중요한지, 어떻게 살고 싶은지, 어떤 사람이 되고 싶은지를 훨씬 더 선명하게 볼 수 있게 됩니다. 죽음의 확실성은 삶의 우선순위를 명확하게 해주는 강력한 필터 역할을 합니다. 마치 마감 시간이 접근할 때 갑자기 집중력이 높아지는 것처럼, 삶의 유한성을 인식할 때 우리는 더 의식적이고 의도적으로 살아갈 수 있습니다.

죽음을 통한 삶의 긍정

니체에게 있어 죽음은 단순히 삶의 불행한 종말이 아니라, 역설적으로 삶에 깊은 의미와 가치를 부여하는 근본적인 요소입니다. 죽음이 없다면, 삶은 그 긴박함과 중요성을 잃어버릴 것입니다. 무한한 시간 속에서는 모든 것이 언젠가는 가능해지므로, 아무것도 지금 당장 중요하지 않게 됩니다. 죽음의 불가피성이야말로 삶의 매 순간에 특별한 가치를 부여합니다. 『인간적인, 너무나 인간적인』에서 니체는 다음과 같이 썼습니다.

"삶의 확정과 긍정의 최고 행위는 죽음 속에서 이루어진다."

이것은 죽음이 우리의 삶을 완성하고, 그것에 최종적인 형태와 의미를 부여한다는 뜻입니다. 우리가 어떻게 죽음을 바라보고 맞이하는가는 우리가 어떻게 살았는가를 반영합니다. 이런 관점에서, 죽음은 두려워할 적이 아니라 삶을 더 충만하게 사는 계기가 됩니다. 우리의 시간이 유한하다는 인식은 우리가 그 시간을 더 의미 있게 사용하도록 동기를 부여합니다.

현재 순간의 충만함

죽음을 의식하는 것은 우리를 놀랍게도 '지금 이 순간'으로 강력하게 데려옵니다. 미래의 불확실성과 과거의 후회에 사로잡히는 대신, 우리는 지금 이 순간의 진귀함과 소중함을 더 깊이 경험하게 됩니다. 이는 마치 시한부 선고를 받은 사람이 갑자기 꽃의 색채, 바람의 감촉, 사랑하는 이의 목소리를 전과는 다른 강도로 경험하게 되는 것과 비슷합니다. 『즐거운 학문』에서 니체는 이런 도전적인 질문을 던집니다.

"마치 내일이 없는 것처럼,
오늘 하루를 온전히 살 수 있는가?"

이것은 미래를 위한 계획이나 책임을 무시하라는 의미가 아닙니다. 그보다는 각 순간을 마치 그것이 우리의 마지막인 것처럼 소중히 여기고 충만하게 경험하라는 초대입니다. 그것은 '언젠가'를 위해 현재를 희생하지 말고, '지금 여기'에서 온전히 살아 있으라는 호소입니다. 이런 태도는 현재에 대한 깊은 감사와 집중으로 이어집니다.

의미 있는 관계

죽음에 대한 인식은 또한 우리의 인간관계에 놀라운 깊이와 진정성을 더해줍니다. 우리의 시간이 유한하다는 것을 알 때, 우리는 종종 사랑하는 사람들과의 순간을 더 소중히 여기게 됩니다. 사소한 갈등이나 오해는 '큰 그림'에서 보면 덜 중요해지고, 진정한 연결과 이해의 가치가 더 선명해집니다. 니체는 『즐거운 학문』에서 이런 통찰을 남겼습니다.

"만약 영원히 살 수 있다는 보장이 있다면,
당신은 아마 오늘 어떤 중요한 일도 하지 않을 것이다."

이것은 우리의 필멸성이 실제로 우리의 삶과 관계에 긴급함과 깊이를 더한다는 것을 의미합니다. 무한한 시간이 있다면, 우리는 아마도 중요한 대화를 미루고, 감정을 표현하지 않으며, 소중한 순간들을 당연하게 여길 것입니다. 하지만 죽음의 존재를 인식할 때, '언젠가'는 더 이상 충분한 대답이 아니게 됩니다. 지금이 가치 있는 말을 하고, 의미 있는 행동을 취하고, 진정으로 연결될 시간입니다.

유산에 대한 생각

죽음을 인식하는 것은 또한 우리가 어떤 유산을 남기고 싶은지 생각하게 합니다. 우리가 떠난 후 세상은 어떻게 달라질 것인가? 우리는 어떻게 기억되고 싶은가? 우리의 삶은 어떤 차이를 만들 것인가? 니체는 『인간적인, 너무나 인간적인』에서 다음과 같이 썼습니다.

> "진정으로 위대한 성취는 자신의 삶 자체를
> 하나의 예술 작품으로 만드는 것이다."

이것은 우리의 삶이 단순한 우연의 연속이 아니라, 우리가 의식적으로 형성하고 의미를 부여할 수 있는 창조적 작품이 될 수 있다는 것을 의미합니다. 마치 예술가가 자신의 비전과 가치를 작품에 불어넣듯, 우리도 우리의 삶에 의미와 목적을 불어넣을 수 있습니다. 죽음의 인식은 이 창조 과정에 깊이와 긴급함을 더합니다.

존재의 거울: 태현의 이야기

태현은 명문대 경영학과의 정교수로, 학계와 비즈니스 세계 모두에서 인정받는 50대 초반의 학자였습니다. 그는 매년 여러 논문을 발표하고, 국내외 학회에서 강연하며, 기업 컨설팅도 병행하는 바쁜 삶을 살았습니다. 그의 이력서는 인상적인 업적으로 가득했지만, 그 화려한 외관 뒤에는 깊은 공허함이 자리 잡고 있었습니다. 태현은 항상 '다음 목표'를 향해 달려왔고, 항상 '나중에 시간이 생기면' 가족과 자신의 행복에 투자하겠다고 생각해왔습니다.

그러던 어느 날 오후, 태현은 정기 건강검진 결과를 듣기 위해 병원을 방문했습니다. 그는 평소처럼 노트북을 열고 다음 강의 자료를 검토하며 의사를 기다렸습니다. 그러나 의사가 심각한 표정으로 그의 검사 결과를 설명하기 시작했을 때, 태현의 세계는 순식간에 흔들렸습니다. "교수님, 심장에 심각한 문제가 발견되었습니다."

태현은 처음에는 의사의 말을 제대로 이해하지 못했습니다. 그는 항상 자신을 불멸의 존재처럼 여겨왔고, 죽음은 언제나 먼 미래의 추상적인 개념이었습니다. 그러나 그 순간, 죽음은 갑자기 구체적이고 가까운 현실이 되었습니다. 의사는 그에게 즉시 치료를 시작하고 생활 방식을 근본적으로 바꿔야 한다고 강조했습니다.

그날 밤, 병원 침대에 누워, 태현은 처음으로 자신의 필멸성을 진정으로 직면하게 되었습니다. 그는 자신이 얼마나 당연하게 미래를 가정해 왔는지, 얼마나 많은 중요한 것들을 '나중에'로 미뤄왔는지 깨달았습니다.

회복 기간 동안, 태현은 오랫동안 읽고 싶었지만 '시간이 없어서' 미뤄왔던 책들을 읽기 시작했습니다. 그중에는 대학 시절 잠시 접했던 니체의 저서들도 있었습니다. 특히 『즐거운 학문』에서 한 구절이 그의 마음을 강하게 사로잡았습니다.

"죽음을 인식하는 순간, 삶의 모든 순간은
짧지만 놀랍도록 강렬한 빛으로 밝혀진다."

그는 이 "강렬한 빛" 아래에서 자신의 삶을 돌아보고, 이전에는 보지 못했던 것들을 보기 시작했습니다.

그때 깨달았습니다. 그의 연구 논문들은 인상적이었지만, 그의 가족과의 관계는 표면적이었고, 그는 오랫동안 진정한 즐거움이나 평화를 경험하지 못했습니다. 그의 업적에도 불구하고, 그는 자신의 삶이 어떤 의미 있는 차이를 만들었는지 확신할 수 없었습니다.

건강이 회복되면서, 태현은 삶에 대한 새로운 접근 방식을 발전시켰습니다. 그는 "내일이 없는 것처럼 살 수 있는가?"라는 니체의 질문을 마음에 새기고, 매일 아침 이 질문으로 하루를 시작했습니다.

첫째, 그는 가족과의 관계를 재건했습니다. 그는 아내와 함께 오랫동안 미뤄왔던 대화를 나누고, 두 성인 자녀들과 더 깊은 관계를 형성하기 시작했습니다. 처음에는 어색했지만, 점차 그들은 서로를 새롭게 알아가기 시작했습니다. 그는 단순히 존재하는 것만으로도 함께하는 시간의 가치를 발견했습니다.

둘째, 태현은 자신의 학문적 접근 방식을 바꿨습니다. 논문 수나 인용 횟수에 집착하는 대신, 그는 자신이 진정으로 열정을 느끼는 주제에 집중하기 시작했습니다. 그는 자신의 전문 지식을 지역 커뮤니티와 나누기 위한 프로그램을 시작했고, 학생들의 멘토가 되는 데 더 많은 시간을 투자했습니다.

셋째, 그는 자연과 예술 같은 단순한 기쁨을 재발견했습니다. 매일 아침 산책을 하며 계절의 변화를 관찰하고, 오래전에 포기했던 클래식 기타를 다시 배우기 시작했습니다. 이런 활동들은 그에게 깊은 만족감을 주었고, 그는 이전에는 알지 못했던 현재 순간의 충만함을 경험했습니다.

가장 중요한 것은, 태현이 자신의 유산에 대해 생각하기 시작했다는 것입니다. "내가 떠난 후, 사람들은 나를 어떻게 기억할 것인가? 내 삶은 어떤 차이를 만들었을까?" 이런 질문들이 그의 결정과 행동을 인도했습니다. 그는 자신의 지식과 경험을 다음 세대에 전달하는 데 집중했고, 특히 소외된 지역사회의 학생들을 지원하는 장학 프로그램을 설립했습니다.

3년 후, 태현은 건강한 삶을 유지하고 있었고, 이전보다 훨씬 더 충만한 삶을 살고 있었습니다. 그의 동료 중 한 명이 그의 변화에 놀라움을 표현했을 때, 태현은 미소를 지으며 말했습니다.

"나는 죽음을 기억하는 것이 어떻게 내가 진정으로 살 수 있게 해주는지 배웠어요. '죽음을 두려워하지 않는 자만이 산다.' 죽음의 가능성을 인식하는 것이 내 삶에 긴급함과 명료함을 가져다주었고, 그것은 가장 큰 선물이었습니다."

태현은 죽음을 더 이상 부정하거나 두려워하지 않게 되었습니다. 대신, 그는 그것을 삶을 더 충만하게, 더 의식적으로, 더 의미 있게 살도록 하는 강력한 상기물로 받아들였습니다. 그는 죽음을 기억하는 것이 역설적으로 더 살아있게 느끼도록 해준다는 것을 발견했습니다.

죽음을 인식하고 그 인식을 통해 더 충만하게 살아갈 때, 우리는 니체가 말한 사랑받는 사람의 모든 원칙을 체현하게 됩니다. 결국, 자신의 삶을 온전히 긍정하고 사랑하는 사람만이 진정으로 사랑받을 수 있음을 깨닫게 됩니다.

✦ 초인을 향한 발걸음

1. **일일 메멘토 모리**: 매일 아침, 잠시 시간을 내어 자신의 필멸성을 생각해 보세요. 이것은 우울한 명상이 아니라, 하루를 더 충만하게 살도록 하는 동기 부여입니다. "오늘이 내 마지막 날이라면, 나는 어떻게 살고 싶을까?"라고 자문해 보세요.

2. **우선순위 명확히 하기**: 죽음의 관점에서 당신의 우선순위를 재평가해 보세요. 무엇이 진정으로 중요한가? 무엇을 미루고 있는가? 당신이 더 이상 시간이 없다면 후회할 것은 무엇인가? 이런 질문들이 당신의 일상적인 결정을 안내하도록 하세요.

3. **현재에 온전히 있기**: 현재 순간에 더 충만하게 참여하는 연습을 하세요. 사랑하는 사람과 대화할 때, 식사를 할 때, 자연 속에 있을 때, 모든 감각을 열고 그 경험을 온전히 느껴보세요. "바로 지금" 살아가는 연습을 하세요.

4. **감사 실천하기**: 매일 저녁, 그날 경험한 세 가지 기쁨이나 선물에 감사하는 시간을 가지세요. 죽음에 대한 인식은 우리가 가진 것에 대한 깊은 감사로 이어질 수 있습니다. 가장 작은 기쁨조차도 우리 삶의 귀중한 선물임을 기억하세요.

5. 관계 깊게 하기: 죽음의 렌즈를 통해 당신의 관계를 바라보세요. 당신이 사랑하는 사람들에게 무엇을 표현하지 않고 있나요? 어떤 대화를 미루고 있나요? 어떤 갈등이 해결되지 않은 채로 남아 있나요? 소중한 관계에 더 깊이 투자할 수 있는 작은 방법들을 찾아보세요.

6. 유산 생각하기: "내가 떠난 후, 사람들은 나를 어떻게 기억할 것인가?"라고 생각해 보세요. 당신은 어떤 차이를 만들고 싶은가? 어떤 가치를 구현하고 싶은가? 이런 생각이 당신의 일상적인 행동과 더 큰 삶의 방향을 안내하도록 하세요.

7. 작은 기쁨 누리기: 죽음에 대한 인식이 삶의 단순한 기쁨을 더 소중하게 만들 수 있습니다. 일출, 좋은 책, 맛있는 식사, 친구와의 웃음 - 이런 순간들을 의식적으로 즐기고 기념하세요. 이것들이 삶을 아름답게 만드는 작은 보석들입니다.

8. 의미 있는 날 만들기: 매일 밤, "오늘 내가 한 일 중 가장 의미 있었던 것은 무엇인가?"라고 자문해 보세요. 이것은 당신이 매일을 더 의식적으로 살고, 다음 날을 더 의미 있게 계획하는 데 도움이 됩니다. 작은 의미 있는 행동들이 시간이 지나면서 의미 있는 삶을 만듭니다.

"죽음을 두려워하지 않는 자만이 산다."

『차라투스트라는 이렇게 말했다』

에필로그

결국, 사랑받는 사람은
자기 삶을 사랑한 사람이다

──────── 이제 우리의 여정이 마무리를 향해 갑니다. 니체의 심오한 철학을 통해 사랑받는 사람이 되는 12가지 원칙을 함께 탐색했습니다. 이 원칙들은 '이렇게 하면 사람들에게 인기 많아져요'라는 피상적인 기술이 아니라, 삶에 대한 근본적인 태도, 자신과 세상을 대하는 방식에 관한 깊은 통찰이었습니다.

우리는 자신을 사랑하는 것의 중요성부터 시작했습니다. 진정한 자기 사랑은 나르시시즘이나 자기 도취가 아니라, 자신의 모든 측면 - 강점과 약점, 빛과 그림자까지 - 을 온전히 받아들이고 포용하는 것임을 살펴보았습니다. 이것이 모든 진정한 관계와 성장의 기초임을 깨달았습니다.

우리는 고통을 피하지 않고 그것을 통과하는 용기에 대해 이야기했습니다. 고통은 우리에게 깊이와 지혜를 가져다주며, 그것을 회피하는 대신 직면할 때 우리는 더 강해지고 더 충만해집니다.

우리는 자기만의 별을 따라가는 중요성, 즉 다른 사람들의 기대나 사회적 관습이 아닌 내면의 나침반을 따르는 용기에 대해 배웠습니다. 이것이 진정한 자유와 진정성의 길입니다. 우리는 영원히 반복되는 삶의 사상을 통해 매 순간, 매 선택이 무한히 반복되어도 괜찮을 만큼 충만하고 의미 있게 살아가는 태도를 탐구했습니다.

우리는 약한 동정을 경계하고, 대신 타인의 힘과 잠재력을 믿고 존중하는 진정한 사랑의 중요성을 배웠습니다. 우리는 군중 속에서 자신을 잃지 않고, 자신만의 고독을 소중히 여기며, 그 안에서 자신의 목소리를 발견하는 법을 탐구했습니다. 우리는 패배의 순간에도 품격을 유지하고, 그것을 통해 배우며, 더 강하고 지혜롭게 다시 일어서는 용기에 대해 이야기했습니다.

우리는 부러움을 억누르는 대신, 그것을 자신의 진정한 열망을 발견하는 나침반으로 사용하는 법을 배웠습니다. 우리는 더 이상 신이나 운명, 사회나 타인에게 자신의 삶에 대한 책임을 전가하지 않고, 자신의 선택과 행동에 책임을 지는 자유로운 태도를 탐구했습니다. 우리는 운명을 사랑하는 법, 즉 삶의 모든 측면 - 기쁨과 고통, 성공과 실패 - 을 받아들이고 긍정하는 태도가 어떻게 진정한 자유로 이어지는지 살펴보았습니다.

우리는 계속 변화하는 자신을 받아들이고, 고정된 자아관에서 벗어나 끊임없이 자신을 초월해 가는 여정을 포용하는 것의 중요성을 배웠습니다.

마지막으로, 우리는 죽음을 기억하며 오늘을 살아가는 태도가 어떻게 우리 삶에 깊이와 긴급함, 그리고 의미를 더해주는지 탐구했습니다. 이 여정을 통해 우리는 중요한 진실을 발견했습니다. 결국, 사랑받는 사람은 자기 삶을 사랑한 사람입니다. 타인의 사랑과 인정을 갈구하며 자신을 잃어버리는 대신, 자신의 삶을 온전히 긍정하고 자신만의 가치를 창조하는 사람이 진정으로 사랑받을 만한 사람이 됩니다. 니체는 『차라투스트라는 이렇게 말했다』에서 당신에게 마지막으로 도전합니다.

"나를 사랑하지 못하는 사람은, 누구도 사랑할 수 없다."

이것이 우리 여정의 핵심 통찰입니다. 사랑받기 위한 첫 번째 조건은, 먼저 사랑할 줄 아는 사람이 되는 것입니다. 그리고 그것은 단 한 번뿐인 우리 삶을 '정직하게, 단단하게, 나답게' 살아내는 용기에서 시작됩니다.

이 12가지 원칙들이 당신의 삶에 깊이와 의미를 더하고, 당신이 더 진실된, 더 충만한, 더 사랑받을 만한 존재가 되는 여정에 도움이 되기를 진심으로 바랍니다. 기억하세요, 이것은 결코 끝나지 않는 여정입니다. 니체가 말했듯이, '인간은 뛰어넘어야 할 존재입니다.' 우리는 계속해서 성장하고, 변화하고, 자신을 초월해 갑니다.

'아모르 파티(운명을 사랑하라).' 당신의 여정에 사랑과 지혜가 넘쳐흐르길 바랍니다.

참고 문헌

프리드리히 니체. 『인간적인, 너무나 인간적인』, 김미기 역, 책세상, 2001.

프리드리히 니체. 『아침놀』, 박찬국 역, 책세상, 2004.

프리드리히 니체. 『차라투스트라는 이렇게 말했다』, 장희창 역, 민음사, 2004.

프리드리히 니체. 『즐거운 학문』, 안성찬 역, 책세상, 2005.

프리드리히 니체. 『비극의 탄생』, 박찬국 역, 아카넷, 2007.

프리드리히 니체. 『안티크리스트』, 박찬국 역, 아카넷, 2013.

프리드리히 니체. 『우상의 황혼』, 박찬국 역, 아카넷, 2015.

프리드리히 니체. 『선악의 저편』, 박찬국 역, 아카넷, 2018.

프리드리히 니체. 『이 사람을 보라』, 박찬국 역, 아카넷, 2019.

프리드리히 니체. 『도덕의 계보』, 박찬국 역, 아카넷, 2021.

사랑받는 삶을 위한 12가지 원칙
니체가 들려주는 단 한 번의 삶을 위한 조언

초판1쇄발행   2025년 6월 5일

지은이   최병현
편집   이혜진 박서희
펴낸이   김태훈

출판등록   2025년 2월 3일 제2025-000143호
주소   서울시 마포구 어울마당로 130, 기린빌딩 3층 3889호
문의메일   thepurple.foryou@gmail.com